知る・探る・究める

栄東のアクティブ・ラーニング!!!

active learning

Active Learning

◆海外ALinアメリカ

◆海外ALinオーストラリア

◆古都ALin京都・奈良

◆海外ALinイギリス(イートン)

◆校外ALin三宅島

◆アーチェリー

◆箏曲

◆鉄道研究

◆サッカー

◆チアダンス

◆クイズ研究

◆茶道

◆水泳

◆コーラス

栄東中学・高等学校

〒337-0054 埼玉県さいたま市見沼区砂町2-77（JR東大宮駅西口 徒歩8分） ◆アドミッションセンター TEL：048-666-9200

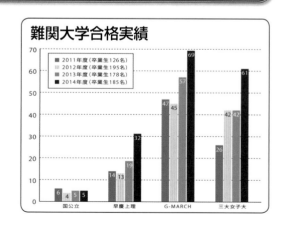

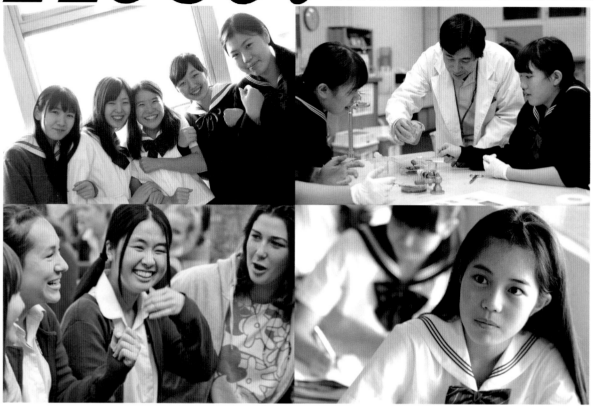

Success15 fifteen

サクセス15
October 2015
10

http://success.waseda-ac.net/

CONTENTS

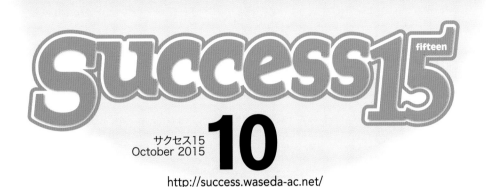

information
―インフォメーション―

早稲田アカデミー
各イベントのご紹介です。
お気軽にお問い合わせください。

中2・3対象 日曜特訓講座

お申し込み受付中
お近くの早稲田アカデミー各校舎までお気軽にどうぞ

一回合計5時間の「弱点単元集中特訓」！

難問として入試で問われることの多い“単元”は、なかなか得点できないものですが、その一方で解法やコツを会得してしまえば大きな武器になります。早稲田アカデミーの日曜特訓は、お子様の「本気」に応える、テーマ別集中特訓講座。選りすぐりの講師陣が、日曜日の合計5時間に及ぶ授業で「分かった！」という感動と自信を、そして揺るぎない得点力をお子様にお渡しいたします。

中2必勝ジュニア　中2対象

［科目］ 英語・数学　**［時間］** 13：30～18：45
［日程］ 9/6、9/27、10/4、11/8、11/29、1/10

「まだ中２だから……」なんて、本当にそれでいいのでしょうか。もし、君が高校入試で早慶など難関校に『絶対に合格したい！』と思っているならば、「本気の学習」に早く取り組んでいかなくてはいけません。大きな目標である『合格』を果たすには、言うまでもなく全国トップレベルの実力が必要となります。そして、その実力は、自らがそのレベルに挑戦し、自らが努力しながらつかみ取っていくべきものなのです。合格に必要なレベルを知り、トップレベルの問題に対応できるだけの柔軟な思考力を養うことが何よりも重要です。さあ、中２の今だからこそトライしていこう！

中3日曜特訓　中3対象

［科目］ 英語・数学　**［時間］** 13：30～18：45
［日程］ 9/13、10/11、10/25、11/15、11/22、11/29、12/20

いよいよ入試まであと残りわずかとなりました。入試に向けて、最後の追い込みをしていかなくてはいけません。ところが「じゃあ、いったい何をやればいいんだろう？」と、考え込んでしまうことが多いものです。

そんな君たちに、早稲田アカデミーはこの『日曜特訓講座』をフル活用してもらいたいと思います。１学期の日曜特訓が、中１～中２の復習を踏まえた基礎力の養成が目的であったのに対し、２学期の日曜特訓は入試即応の実戦的な内容になっています。また、近年の入試傾向を徹底的に分析した結果、最も出題されやすい単元をズラリとそろえていますから、参加することによって確実に入試での得点力をアップさせることができるのです。よって、現在の自分自身の学力をよく考えてみて、少しでも不安のある単元には積極的に参加するようにしてください。1日たった５時間の授業で、きっとスペシャリストになれるはずです。さあ、志望校合格を目指してラストスパート！

中3 作文コース

公立高校の記述問題にも対応
国語の総合力がアップ

9月開講 受付中

演習主体の授業＋徹底添削で、作文力・記述力を徹底強化！

推薦入試のみならず、一般入試においても「作文」「小論文」「記述」の出題割合は年々増加傾向にあります。たとえば開成の記述、慶應女子の 600字作文、早大学院の 1200字小論文や都県立推薦入試や一般入試の作文・小論文が好例です。本講座では高校入試突破のために必要不可欠な作文記述の“エッセンス”を、ムダを極力排した「演習主体」のカリキュラムと、中堅校から最難関校レベルにまで対応できる新開発の教材、作文指導の“ツボ”を心得た講師陣の授業・個別の赤ペン添削指導により、お子様の力量を合格レベルまで引き上げます。また作文力を鍛えることで、読解力・記述式設問の解答能力アップも高いレベルで期待できます。

● **9月～12月**（月４回授業）　● **毎　週**　校舎によって異なります　● **時　間**　17：00～18：30（校舎によって異なります）
● **入塾金**　21,600円（基本コース生は不要）　● **授業料**　12,500円／1ヶ月（教材費を含みます）

「日曜特訓講座」「作文コース」に関するお申し込み・お問い合わせは最寄りの
早稲田アカデミーまたは **本部教務部 03（5954）1731** まで

一流中学
高校受験
早稲田アカデミー

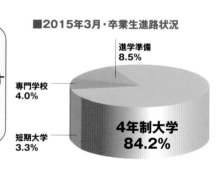

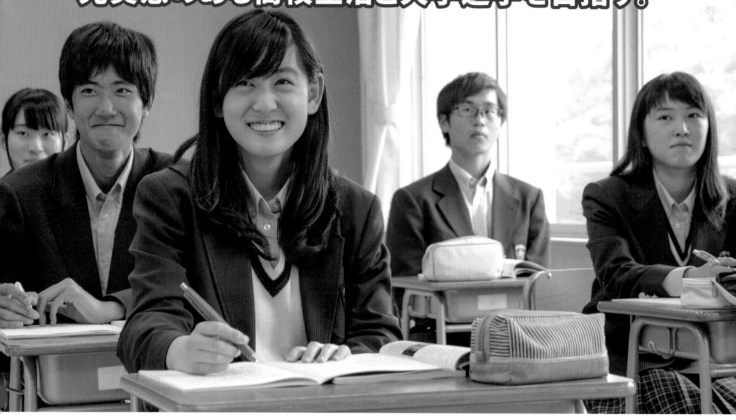

苦手なキミこそ読んでほしい

社会と理科の分野別勉強法

夏休みが終わり、中学生のみなさんは気持ちを新たに勉強に励んでいると思います。しかし、いままで国語・数学・英語には力を入れてきたけど、社会・理科はあまり勉強してこなかった、苦手でどう勉強していいかわからないという人もいるのでは？　そこで今回は、社会、理科それぞれの分野別の勉強法をお教えします。「この２教科は受験科目じゃないから…」という人も、高校で社会と理科を勉強するために中学の学習内容を理解しておくことは必要です。入試に出やすいポイントなども紹介しているので、中３のみなさんにとっても役立つ内容になっています。

Social studies 社会

社会は暗記科目だと思われがちで、暗記が苦手だとそれだけで苦手意識を持ってしまう人もいるでしょう。しかし、社会はけっして暗記だけの科目ではありません。苦手意識を克服するためにも、どんな勉強をすればいいのかを３つの分野ごとに見ていきましょう。

地理
地名や用語をこまめにチェック

地理の入試問題には、決まって使われる、いわゆる定番の資料があります。地形図、気温と降水量のグラフや表、資源や農産物などの輸出入や生産量のグラフ、人口構成のグラフなどは、頻出の資料です。それに、世界地図から地域の地図まで、地図は必ずといっていいほど資料に使われます。

　地理の問題には、複数の資料から情報を収集し、その意味や関連性を考えるという側面があります。ですから、地図やグラフ、図表の意味を理解することは不可欠です。もし、文字情報だけを使って一問一答式に覚える勉強をしている人は、それだけに頼らない工夫をしましょう。

　例えば、国内外を問わず地名が出てきたら必ず地図で位置を確認するという癖をつけておくだけでも、大きな違いになります。イメージのつかみにくい用語はグーグルなどインターネットの検索サイトで画像検索をしてみるのもいいでしょう（検索結果に同じような画像が並ぶときは、その画像が参考になるという証です。どれもこれも異なる画像が表示されたときは、その画像が参考にならない可能性がありますので、検索ワードを変えてみましょう）。

　資料を使った問題のなかには、前述した定番の資料のほかに、教科書や問題集ではあまり見かけない、見慣れないタイプの資料が登場することもあります。そうしたとき、「見たことがないからわからない」という判断をしてしまうのはもったいないことです。初めて見る資料であっても、それがなにを意味するのか、ほかの資料とどのように関係があるのか、どこが設問に答える手がかりになるのか、ということを考えてみましょう。じつは資料のなかに、多数のヒントが隠されているということも少なくありません。

　地理の記述問題は、参照する資料から読み取ったことを書かせる問題が多くあります。解答する際は、「どの資料のどこを見れば、こういうことがわかる」という、丁寧な記述が必要です。日ごろから、「資料のどの部分が根拠になるのか」「なぜそう言えるのか」ということを、言葉で表現する習慣を身につけておきましょう。

歴史
暗記するだけでなく理解することが大切

歴史の勉強といえば、すぐに年号と出来事を覚えることを思い浮かべる人もいますが、大切なのは、出来事の背景や、その影響です。

　いつなにがあったのかを断片的に覚えるのではなく、「かたまり」にして理解することをおすすめします。具体的には、なにが原因で、どんな出来事が起こって、それにはだれが関係しているのか、そして、その後どうなったかなどを、１つのストーリーとして語れるようにする、ということです。これは、知識の骨組みを作ることにあたるので、早い段階でこうしたことをしっかりしておくと、その後の知識の定着にとても役立ちます。

　歴史の史料問題では、写真や絵、イラストがよく登場します。普段の学習では、反射的に「これは○○の史料だ」と決めつけてしまうのではなく、その史料がどの時代背景を表したもので、なにを意味しているのかまで考えるようにしましょう。

出来事の時代背景や影響を考える学習姿勢は、記述問題対策にも有効です。歴史の記述問題では、単純に用語を説明させる問題も出題されますが、ある出来事が起こった理由や、法律などが制定された理由、目的が問われるような、前後のつながりをきちんと理解しているかを試される問題も多々あるからです。

実際の入試問題では、特定の時代について集中的に問われるよりは、広範囲の時代から出題される場合が多く見られます。複数のキーワードを頼りに、いつの時代についての記述かを見極める練習を積んでおきましょう。また、歴史の授業の後半に扱うため、どうしても手薄になりがちな第二次世界大戦後の歴史についても比較的多く出題されているので、注意が必要です。

世界とのかかわりについては、日本の歴史と関係の深い部分についてが頻出です。貿易や戦争など、日本とかかわりの深い国については、十分に学習しておきましょう。

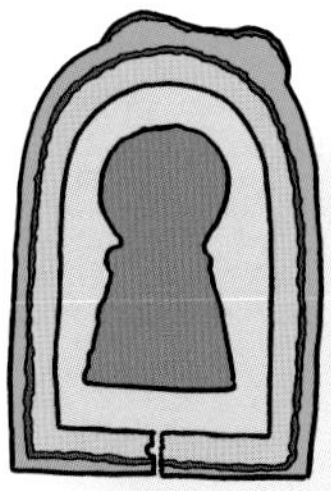

そして、歴史の学習においても、地図は大切です。地理の学習と同じように、地名が出てきたら必ず地図上で位置を確認しておきましょう。

公民
世の中の出来事に関心を持とう

公民分野では、人権や政治の仕組み、経済活動、国際関係などについて学びます。歴史や地理に比べて、抽象的で意味を理解しづらい用語が頻繁に登場します。意味のわからない用語をそのままにして学習を進めると、理解が深まらないばかりか、基本的な問題にも対応できなくなる恐れがあります。問題数をこなそうと欲張らず、まずは、本当に基本的な用語だけに絞って、それがどんな意味かを自分の言葉で説明してみることをおすすめします。記述問題のなかには、基本的な用語の説明を求める問題もありますので、その対策としても有効です。

また、資料を読み取る問題では、これまで見たことがない資料を使った問題が出されることがあります。地理の学習の部分でも述べましたが、そのような場合でも、「設問で問われていることはなにか」をきちんと確認し、「資料に表されていること」を丁寧に読み取りましょう。解答に必要な情報は、資料や設問のなかにそろっている場合もありますし、資料中の用語を使って十分に説明できる問題もたくさんあります。見たことがない資料が出てきても、あきらめないことが大切です。

そして、公民分野は、現在の社会を扱う分野でもあります。出てくる用語の難しさから敬遠してしまいがちな分野ではありますが、普段私たちが生活している社会と結びつけるポイントがたくさんあるのです。

ですから、いま世の中で関心の集まっている事柄について問われることも多いです。教科書などを用いて、基本的な用語を理解するよう努めるのはもちろんのこと、それと同時に、世の中の出来事にアンテナを張っておくことも大切です。新聞やニュースサイトを活用して、「政治の仕組み」「選挙などの政治参加」「外国との関係」「生活に関連する問題」などの情報に、日常的に触れるようにしましょう。そのようにして日々さまざまなことに関心を持つことが、勉強にも役立っていきます。

中学課程の理科は、物理・化学等の第１分野と生物・地学の第２分野に分かれています。どちらの分野についても言えることは、教科書をよく読み、普段の授業を大切にするということです。まず、そうした理科全体の勉強法のポイントについてまとめ、その後それぞれの分野の勉強法について詳しく見ていきます。

理科を学習するうえでの３つのポイント

１「教科書」をよく読む

当たり前のことに思えるかもしれませんが、理科を学習するうえで一番大切なことは、教科書をよく読むことです。入試においても学校の定期テストにおいても、教科書の内容が基本となって問題が作成されています。教科書にない事柄は出題されません。ですから、苦手な人こそ教科書を繰り返し読み込む自主的な勉強が基本となります。

教科書は、太字の用語だけではなく、欄外の備考や注意書きなどについてもすみずみまでよく読んでおくことが重要です。教科書によって、表現の仕方や内容量に違いがあり、補足として書かれていることが出題される場合もあるからです。

また、学校や塾の授業前には、ざっとでもいいので予習を心がけましょう。時間をかける必要はありません。疑問点や理解できないことなどをチェックしておくことで、授業の理解度も格段に向上しますし、先生が強調していることもよくわかるようになるはずです。

２「授業」をよく聞く

理科は数学のように、部分の理解ではなく全体を見通すことでわかることが多くあります。そのための最良の学習法が授業を大切にすることです。

学校でも塾でも授業中に、「なぜ、そうなるのか」という観点を重視して、授業ノートをとりましょう。

ノートには、授業を聞いて自分が納得したこと、疑問に感じたことなどに加え、先生が口頭で説明したことについてもできるだけ書き留めておきましょう。

あとで見直したときに授業の流れを再現できるようなノートを作っておくといいでしょう。

３「練習問題」を解く

練習問題を解くことも大切です。自分がよく理解できていない部分はどこなのかを発見し、理解度を自分で確認しましょう。

最近の理科の入試問題では、実験や観察の結果のみを問うのではなく、結果から判断できる内容や、なぜそうなるかの理由を答えさせる問題が多くなってきています。

まずは普段から問題の条件を整理し、表やグラフの意味をとらえて考えを進める練習を心がけてください。そうすることが、思考力を養うことにつながり、見たことのない問題や難問に遭遇したときにどう対応すればよいかという練習になります。

第１分野

実験問題は普段の取り組みがカギ

第1分野の「物理」、「化学」では、実験をもとにした問題が圧倒的に多く出題されます。これは、普段の学習姿勢が問われているともいえます。

そのため、授業で実験を行う場合は、次の5点を大切にしましょう。

①実験の操作・手順、注意事項などをしっかりとおさえ確認する。当然と思えることも、きちんと把握しておく。

②ガスバーナー、メスシリンダーなどの実験器具の扱いを覚える。

③実験の目的と結果を確認し、その理由を考える。

④実験に関する用語をおさえ、実験の流れと関連づけて考える。

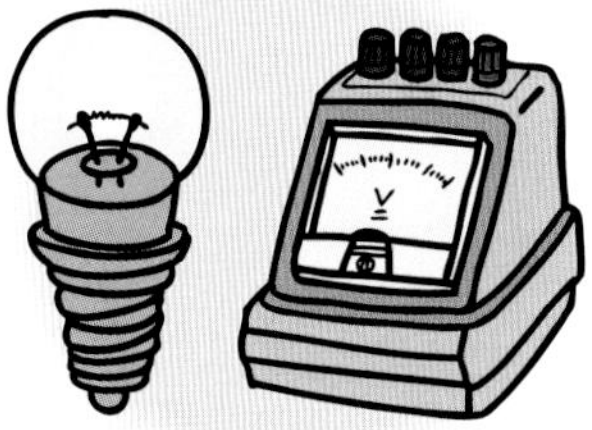

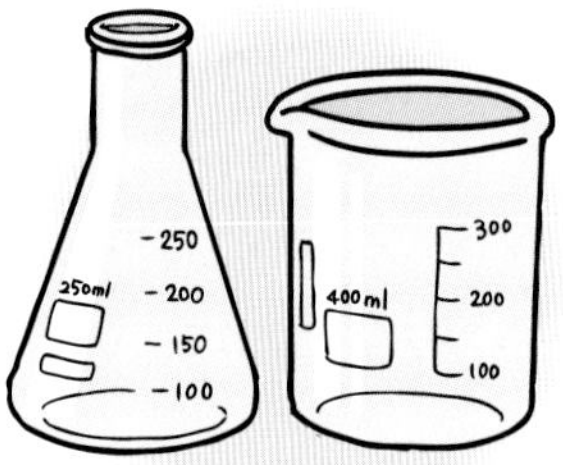

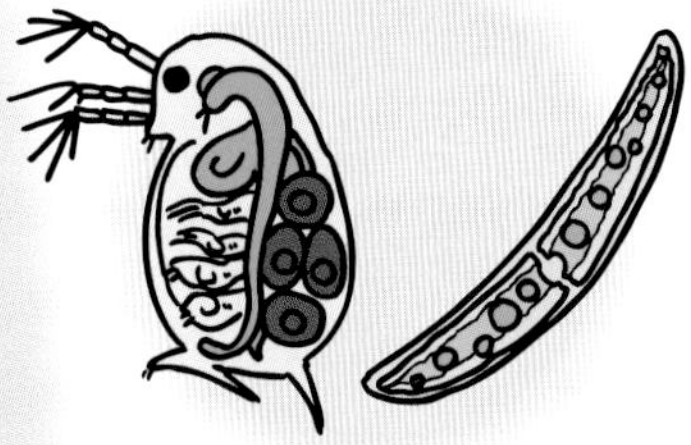

⑤問題集でその実験に関する問題を解いて、公式や法則の理解を深め定着させる。

　こうしたポイントをおさえながら、日常の授業における実験に取り組むことが入試での高得点につながっていきます。

　また、実験結果などをもとにした計算問題もよく出されます。多くの人が、「理科の計算問題は苦手だ」と感じるようですが、それは難しいからではなく、慣れていないからです。計算そのものは、そう複雑なものではありません。普段から計算問題に多く取り組み、慣れておくようにしましょう。

　ほかにも、第1分野では各種の数量を扱う問題が数多く見られ、そこで点数に差がつくことがあります。そのため、単位を正しくとらえておくことが重要です。

　例えば、「密度」の単位「g/cm³」は、「物質1cm³あたりが何gであるか」ということを示し、密度=質量/体積という公式をそのまま表していることを確認しましょう。また、「オームの法則」では、公式の1つ、電流[A]=電圧[V]/抵抗[Ω]から、抵抗[Ω]=電圧[V]/電流[A]、電圧[V]=電流[A]×抵抗[Ω]など派生する公式を導き活用できるようにしておきましょう。

第2分野
自分の言葉で説明できる訓練を

第2分野の「生物」、「地学」は、視覚的に現象を確認しやすく、用語も具体的でなじみやすい特徴があります。

　つまり、教科書や塾のテキストに出てくる用語や内容をきちんとおさえることで、入試においても得点につながりやすい面があります。

　対策としては、理科の全体的なポイントでも述べたように、教科書をよく読むことが重要で、示されている写真や図もしっかり確認するようにしましょう。

　重要語句を覚えるためには、一問一答形式の問題集などを解いてみるのも有効です。そしてその際、例えば、「地層が堆積した当時の環境を知る手がかりになる化石をなんというか?」という問いに「示相化石」と答えられるようになったら、反対に「示相化石とはなにか?」という問いにも自分の言葉できちんと答えられるようにしておき、その語句を用いてさまざまな現象や状態を説明できるようにしましょう。

　ほかにも、教科書や参考書を参考に、よく出る項目、内容などを、自分でまとめておくことをおすすめします。単元全体を図や表にして整理できるようになれば、よりステップアップが可能となります。

　生物では、被子植物の単子葉類や双子葉類のつくりの違い、ヒトの心臓のつくりと血液循環の様子、地学では、火山の種類や火成岩のつくり、月の満ち欠けや金星の見え方などを図表にしてまとめておきましょう。

　近年の出題では、論理的な思考力が問われる問題が多くなっています。普段から論理的思考力を身につけることを意識しながら学習することで、知識が不完全でも、実験や観察の結果から正解を導けるようになるはずです。第1分野でも触れたように、実験や観察では、目的、1つひとつの操作・手順の意味を考えながら授業に臨むようにしましょう。

まとめ

不得意分野だと思い込まないようにしよう

理科を学習するために大切なことは、「1、教科書をよく読むこと」「2、授業をよく聞くこと」「3、練習問題を解くこと」の３つであるというのは先ほどのページで述べた通りです。つまり、日常的な学習姿勢を見直すことこそが重要なのです。

理科の入試は、幅広い分野からさまざまな内容が問われるため、難しくとらえがちです。しかし、その核心は、意外かもしれませんが、普段学校で行われている授業の内容を問題化したものが中心となります。

例えば、授業中に行う実験で「この実験は危険なので注意しましょう」と先生が言ったとします。そこでただ「危ない実験なんだ、怖いな」と思うだけでなく、その実験がなぜ危ないのか、どういうところに気をつければいいのか、ということまで確認するようにしましょう。日ごろから色々なことに関心を持つ姿勢がのちの学習につながります。

また、理科は得意・不得意の分野が人それぞれで生まれやすい科目です。でも、その分野が不得意だと言っても、難しかったり、わかりにくいからそう感じるのではないでしょう。単に問題にまだ慣れていなかったり、基本的な用語をきちんと習得していなかったりするために、不得意だと思い込んでいる場合がほとんどだと思います。

決して理科を苦手だと思い込んでしまわないでください。基本的な用語を１つずつマスターしていくだけでも現状はずいぶん変わるはずです。コツコツと苦手を克服していってください。

じっくり「考える学習」を実践してみよう

前述したように、社会は暗記科目ではありません。覚えていれば答えられる問題も数多く出題されていますが、社会の広い範囲をただ単にすべて覚えるだけで乗り切ろうとするのは効率的ではありませんし、最近では、資料を参考にしながらその場で考えて答えを出す、という問題が増えてきています。

この考える力を測ろうとする傾向は記述問題にも表れており、資料を使いながら、自分が理解していることを相手に丁寧に伝えることが求められています。社会が得意だと思っている人のなかには、知っている（覚えている）からできているというタイプの人もいるでしょう。そのようなタイプの人は、考えずに（資料なども参考にせずに）自分の知っていることのみを述べてしまいがちですのでとくに注意が必要です。

１・２年生は３年生に比べればまだ時間に余裕があるはずですから、じっくり「考える学習」を大切にしてほしいと思います。「○○とはなにか？」「○○はなぜそうなるのか？」「○○と△△はどこが同じでどこが違うのか？」という問いを持ち、それに対する解答を自分の言葉で書いてみましょう。もちろん全範囲でこの学習をするのは時間的にも負担が大きく、現実的ではないですから、１つでも２つでも、自分が関心を持てる分野でいいので、「考える学習」を実行してください。

そして、暗記のせいで社会に苦手意識を持っている人は、その考えを変えることで取りかかりやすくなるのではないでしょうか。

新しい早稲田摂陵が始まる!
緑豊かな北摂で、個性を伸ばす教育!
夢と希望を大きく育み、実現へと導く豊富なプログラム!
地域社会・国際社会に貢献できる
グローバル人材の育成をめざして!
point 1 難関国公立大学と早稲田大学(一般入試)に合格できる学力の育成!
point 2 早稲田大学継続特別推薦入試の活用! 豊富な指定校推薦を活かし、幅広い進路選択を可能に!
point 3 放課後学習プログラムを強化! 学習支援センターの活用 (生徒の自主学習や進路へのサポート)
平成28年度 入試説明会
開催場所：本校 学園生徒会館
第1回 9月12日(土)
第2回 10月10日(土)
第3回 12月12日(土)
学校法人　早稲田大阪学園　早稲田大学系属
早稲田摂陵高等学校
〒567-0051　大阪府茨木市宿久庄 7-20-1
TEL.072-640-5570(入試広報部)
早稲田摂陵
検索
http://www.waseda-setsuryo.ed.jp
E-mail：nyusi-hs@waseda-setsuryo.ed.jp

東大への架け橋 VOL.7

text by ゆっぴー

併願校対策は早めにするが勝ち！

敵を知り己を知れば百戦危うからず。受験で勝つためには、この言葉にあるように、「敵」（＝受験する学校の問題傾向）と「己」（＝自分の実力）を十分に理解することが大切です。とくに併願校選びに関しては、限られた時間で自分が確実に倒すことができそうな「敵」（＝併願校）を選ぶことが重要になってきます。今回は3つのポイントに分けて、併願校の選び方をアドバイスします。

　まずは、科目と配点に注目しましょう。第1志望校合格をめざすみなさんにとって、併願校受験のために特別な対策をするのは時間がもったいないですから、なるべく第1志望校と似た科目と配点の学校を選ぶのが得策と言えます。

　次に気をつけたいのは日程です。慣れない受験で思った以上に体力を消耗することを考慮し、受験日が連続する日程を組むのはなるべく避けた方がいいでしょう。

　最後に、一番大切だと思うのが問題との相性です。私は大学受験時に模試では合格可能性が80％あった併願校に落ちてしまったのですが、その最大の原因は問題との相性を事前に確認しておかなかったことにあると思っています。私の二の舞にならないためにも、受ける学校の過去問を事前に必ずチェックしてください。本屋で見たり、1年ぶんだけ解いてみるという手軽な方法でもいいので、「この問題傾向であれば確実に合格できる」ということを確認するのです。これを年内にやっておくと気持ちがラクになりますよ。

　とはいえ、なにが起きるかわからないのが受験です。先ほど述べたように、私は大学受験時に併願校がまさかの不合格で、本命校の直前にかなりのショックを受けました。「併願校もダメだったからさらに難易度の高い第1志望校に合格できないかもしれない」という不安を抱えたまま本命の入試に臨むことになってしまいました。この反省からみなさんにはまだ時間のあるいまのうちから併願校対策をすることをおすすめします。そして、万が一併願校受験で失敗してしまっても、「ここで失敗しても第1志望校の合否には直接関係ない」ということを思い出してほしいです。私のように併願校はダメでも第1志望校には合格したという人はたくさんいます。備えあれば憂いなし。第1志望校合格をめざして思う存分突き進めるように、早めに併願校対策をひと通り終わらせておくと安心です！

ゆっぴーの大学生活

私は大学から親元を離れて東京で1人暮らしをしています。反抗期真っ盛りの人は「うらやましい！」と感じるかもしれませんね。門限もない、休日に寝坊しても怒られない、いつでも友だちを呼べる…1人暮らしはみなさんが想像する通り自由で楽しく、もう実家暮らしには戻れないと思うほど（笑）。東大には私のように大学入学をきっかけに1人暮らしを始めた仲間が多いため、だれかの家で夜通し語りあうこともよくあります。また、掃除・洗濯・料理などの家事も1人暮らしを開始した直後こそ大変でしたが、3年目のいまでは手を抜きつつ、自分のペースで楽しくできるようになりました。

　ただし、この悠々自適な1人暮らし生活は家賃や光熱費などの生活費をすべて親に負担してもらったうえで成り立っています。周りの友人も費用は親に負担してもらっているという人が多いです。本当に親には頭があがりません。親への感謝の気持ちを忘れずに、これからも快適な1人暮らしを楽しんでいこうと思います！

友だちと家で鍋パーティー

現役東大生・ゆっぴーに答えてほしい質問を大募集！
あなたの質問にゆっぴーが答えてくれるかも？

QRコードからも!!

あて先　〒101-0047 東京都千代田区内神田2-4-2 グローバル教育出版 サクセス編集室
FAX：03-5939-6014　e-mail：success15@g-ap.com まで質問をぜひお寄せください！

読書の秋のお出かけガイド

図書館で、本の世界を旅しよう！

読書の秋、本を探しにいくなら図書館に行ってみませんか。
この特集では、特色ある図書館の紹介を通じて、
図書館利用の楽しさをお伝えします。

■本を探しに行こう

「本が読みたいな」と思ったときは、本屋さんもいいですが、図書館がおすすめ。さまざまなジャンルの本や雑誌を自由に手に取って読めるので、興味の幅をどんどん広げることができます。また、図書館は、どこも同じように見えてじつはそれぞれ特色があります。所在地域の詳しい歴史書を所蔵していたり、文豪の出身地に近いのであれば、その人物の蔵書が充実していたり、外国の方々が多く住んでる地域では、外国語の本が多い、というような具合です。自分の住まいや学校の近くの図書館にどんな特徴があるのか調べてみるのもおもしろそうですね。

■利用方法はよくチェックして

一般的に在住地域以外の図書館であっても、だれでも利用ができますし、カードをつくれば本を借りることができる場合もありますが、利用方法は各館ごとに異なるので気をつけましょう。図書館によっては自習を禁止しているところもありますので、閲覧席の利用方法はよく確認してください。図書館の情報はインターネットで調べられますし、わからないことがあれば、図書館の職員さんに尋ねてみましょう。

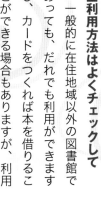

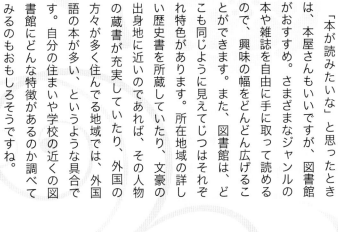

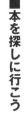

さまざまな人、活動、情報に出会える場所

武蔵野市立 ひと・まち・情報 創造館 武蔵野プレイス

東京 武蔵野市

アート＆ティーンズライブラリー

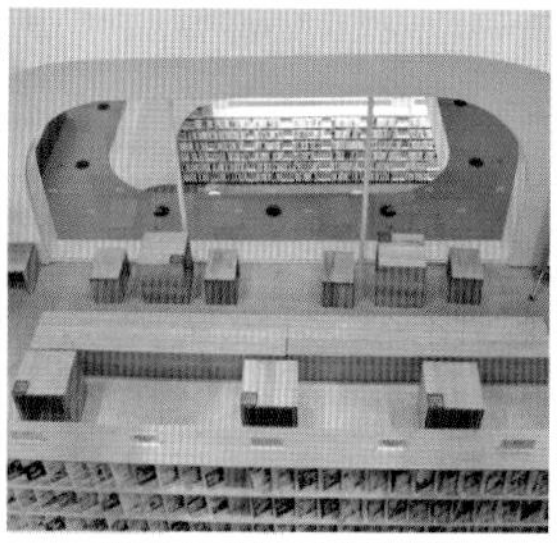

地下まで見える吹き抜け

地下２階のスタジオラウンジ

２０１１年（平成23年）に開館の武蔵野プレイスは、図書館をはじめとして「生涯学習支援」、「市民活動支援」、そして「青少年活動支援」の機能をあわせ持った複合機能施設です。地下3階から地上4階までの建物は7階建てで、採光がよく、吹き抜けやらせん階段もあるため、連続性、開放感があります。地下1階、地下2階の一部、地上1～2階の4フロアが図書館で、本棚やイスなどの配置にもこだわり、幅広い年齢層の人々が快適に過ごせる環境です。

特徴的なのが地下2階。青少年向けの書籍・雑誌が集められている「ティーンズライブラリー」、青少年が予約なしでも自由に立ち寄れるフリースペースなどがあり、地下2階は大半が中高生のためのフロアになっています。

「本を読むだけではなく、さまざまな人・活動や情報に出会えると思います。知的な発見をして、視野を広げられる場所です。」（主査の石村美枝さん）

所在地
東京都武蔵野市境南町2-3-18

TEL
0422-30-1905（代表）

URL
http://www.musashino.or.jp/place.html

アクセス
JR中央線・西武多摩川線「武蔵境駅」徒歩1分

開館時間
9:30～22:000

赤レンガのぬくもりを感じる明るい図書館

北区立 中央図書館

東京 北区

ドナルド・キーンコレクション

ＹＡコーナーのブース

だれもが本を手に取りやすい低めの書架

「赤レンガ図書館」の名で親しまれている北区立中央図書館。大正時代に建設された赤レンガ倉庫をリニューアルした館内は、広々として開放感があり、ゆったりとくつろぐのにも最適です。1階の総合フロアーはバリアフリーを意識した造りで、車いすに座ったまま本を取れるよう書架が低めに設定されています。また、ほぼすべての閲覧席は窓から光が入る位置に設置されているため、明るい雰囲気のなかで本に親しめます。テラス席のあるカフェスペースで、外の空気を感じながらの読書も気持ちがよさそうです。

中高生向けには中高生が好みそうな本の数々が並ぶYoung Adult（YA）コーナーが用意されています。ガラス張りのブース内では話しながら読書や自習もできます。そのほか、日本文学研究の第一人者で北区名誉区民のドナルド・キーン氏が寄贈した本が並ぶコーナーや、北区にまつわる資料が豊富に取りそろえられた「北区の部屋」も魅力的です。

所在地
東京都北区十条台1-2-5

TEL
03-5993-1125

URL
http://www.city.kita.tokyo.jp/chuo-tosho/bunka/toshokan/

アクセス
JR埼京線「十条駅」・JR京浜東北線「東十条駅」徒歩12分、JR京浜東北線ほか「王子駅」徒歩15分

開館時間
火曜～土曜、第2・第4月曜 9:00～20:00
日曜・祝日 9:00～17:00

※各図書館の閉館日はHP等でご確認ください。

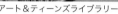

知的好奇心が踊るトライアングル空間
千代田区立 日比谷図書文化館

東京
千代田区

Library Shop & Café Hibiya

特別研究室

3階図書フロア

緑豊かな日比谷公園の一角にある三角形の建物が、日比谷図書文化館です。図書館以外にもミュージアムや多様な講座を行うカレッジなどが一体となった、複合文化施設です。

2・3階の図書フロアでは、約18万冊の蔵書が4つのゾーンに分類されています。窓からは公園の緑が見え、落ち着いた雰囲気のなかで本に親しむことができます。電源付閲覧席やiPadの館内貸出も魅力です。図書フロアの本を持ち込めるおしゃれなカフェとレストランもあります。

4階にある特別研究室も必見。貴重な古書約2万冊を手にとって見ることができます※。

「周囲に官公庁やオフィスの多いことからビジネス関連の書籍と、皇居に近いので江戸・東京関連書籍、そして文化の中心地としてアート系の書籍が充実しているのが特徴です。アート情報支援コーナーでは、美術雑誌のバックナンバーや展覧会の図録、美術大学の案内なども置いています。」（広報・並木百合さん）

所在地
東京都千代田区日比谷公園1-4

TEL
03-3502-3340（代表）

URL
http://hibiyal.jp/

アクセス
都営三田線「内幸町駅」、地下鉄千代田線・日比谷線・丸ノ内線「霞ヶ関駅」徒歩3分

開館時間
平 日 10:00～22:00
土 曜 10:00～19:00
日曜・祝日 10:00～17:00

※併設の特別研究席（有料）は高校生以下は保護者同伴で利用可

中高生が読書に親しむための工夫が光る
市川市中央図書館

千葉
市川市

ポップとともに展示されたおすすめ本

Young Adult Room

独自の市民文庫

市川市の生涯学習センター内にある市川市中央図書館。窓側に配置された明るい閲覧席や広々とした雑誌コーナーがある快適な空間です。

市川市にゆかりが深い方の図書を集めた市民文庫といった独自のコレクションが目を引くのに加え「本館は独立した子ども図書館を有し、すべての分野で中高生におすすめの本を集めたYoung Adult（YA）コーナーやグループ学習に利用できるYoung Adult Roomを備えています」と職員の小川健太郎さんが話されるように、どの年代も読書を楽しめるよう配慮されています。ほかにも、本を愛するティーン（Book Loving Teens=BLT）を集め、おすすめする本の内容や理由を書いたポップを作って展示するイベントが行われています。「ポップの効果は高く、おすすめ本の貸し出しは多いです。YAコーナーでは季節ごとに特集も組んでいます」と小川さん。

中高生が読書を楽しむためのさまざまな工夫が魅力の図書館です。

所在地
千葉県市川市鬼高1-1-4

TEL
047-320-3346

URL
http://www.city.ichikawa.lg.jp/library/

アクセス
京成線「鬼越駅」徒歩13分、JR総武線「本八幡駅」「下総中山駅」徒歩15分

開館時間
火曜～金曜 10:00～19:30
土曜・日曜・祝日 10:00～18:00

総合力を育む教育で国際社会に貢献するトップリーダーを育成

TOKYO METROPOLITAN TOYAMA HIGH SCHOOL

東京都立戸山高等学校

東京都　新宿区　共学校

進学指導重点校として、東京大や一橋大などの難関国立大を筆頭に、毎年優れた大学合格実績を誇る戸山高等学校。リベラルアーツ教育を重視した、教科融合型の高度な授業など、特色ある教育が満載です。また、スーパーサイエンスハイスクール（SSH）指定校として、多彩な取り組みによる充実した理数教育もめだちます。

大野《おおの》　弘《ひろし》 校長先生

創立128年の歴史を刻む名門校

東京都立戸山高等学校（以下、戸山）は1888年（明治21年）、補充中学校として麹町区飯田町に創立されたのが始まりです。その後、東京府城北中学校、東京府立第四中学校と変遷を経て、1948年（昭和23年）に、現在地（新宿区戸山）に移転されました。そして1950年（昭和25年）に東京都立戸山高等学校（以下、戸山）と改称されました。2001年（平成13年）に進学指導重点校に指定され、2004年（平成16年）には都立高校で初めてスーパーサイエンスハイスクール（SSH）の指定を受けています。

戸山の教育について、大野弘校長先生は、「創立128年目を迎える本校のミッションは『国際社会に貢献するトップリーダーの育成』です。本校の生徒には、社会のどんなところでも、自分の成すべきことを成して、しっかりと仕事をする人物となることを目標としてほしいと思います。現に、多士済々な本校の卒業生は、色々な分野で活躍されています。いま以上に国際的に活躍できる人材が求められるこれからの時代に、リベラルアーツ教育やSSH事業などの特色ある多彩な取り組みを通じて、グローバル社会に貢献するトップリーダーとなる人材を育成していきたいと思います」と話されます。

自己学習力と幅広い教養を育む

戸山では、自身を尊重し、自らを律して社会的に自立していく「自主自律・自立」の考えを重視しています。これは、戸山で推進される自己学習力の育成にもつながります。この力は、高度で充実した内容の授業を通じて、学ぶおもしろさを感じることにより育まれていきます。

また、自主学習の時間を、1・2年では予習・復習を1日3時間以上、3年では5時間以上を目安とする指導が行われています。

キャレルデスクの設置された2つの自習室と図書館が夜8時まで開放されるなど、自主学習のための環境も整えられています。自習室には卒業生のチューターが配置され、生徒からの質問や相談に応じます。

総合力の育成をめざすカリキュラムも戸山教育の特色です。大学入学後、社会に出て活躍できる基礎力となる広い教養を育むリベラルアーツ教育が実施されています。

3年間文理分けを行わないクラス編成となり、1・2年次は芸術（音楽・美術・書道）以外が共通履修、3年次には選択科目が用意され、自分の進路に応じた科目を選びます。理系の生徒も、社会科の世界史・日本史・地理・政治経済・倫理は必修です。また、文系の生徒も、全員が理科の物理・化学・生物・地学を学びますし、数学は数Ⅱ・数Bまでやります。

各教科の授業は、各学年ごとに冊子としてまとめられ、1人ひとりに配付される「年間授業計画」に基づいて計画的に指導されています。この「年間授業計画」には、教科別に授業計画を細かく掲載しているほか、学習の手引きとしての意味もあり、こちらも各教科ごとに、学ぶ意義やノートの取り方、予習・復習の方法など生徒の学習をサポートする情報が詰まっています。

戸山では、こうした多様な取り組みを通して、自ら学ぶ姿勢をしっかりと身につけることができます。

施設

正門から校舎へと続く並木道が、生徒の登下校を見守ります。夜8時まで勉強できる自習室では、多くの生徒が自己学習に励んでいます。

SSH教育も充実 特色は理数課題研究

理数重視教育に力を入れているのも特徴です。文科省からSSHの指定を受けた戸山では、1学年に2クラスのSSHクラスが設置され、将来の国際的な科学技術系人材育成をめざし、先進的な理数教育を実施しています。1年次で数学、物理、化学、生物、地学の5コースに分かれ、「理数課題研究」実施に必要な知識や技術を準備します。2年次では1年次に身につけた科学リテラシーを応用し課題研究を進め、3年次にまとめて論文として発表します。テーマは、「和音の研究」(数学コース)「バナナの長期保存方法」(生物コース)など、さまざまです。

大野校長先生は「『理数課題研究』では、東京大など、大学研究機関の専門家の指導のもとで進められる研究もあります。また、防災研究所や環境研究所など、日本国内の研究機関と連携しているものもあり、専門機関とかかわりながら研究を進める方法を学びます。SSHでは、そのほかに、研究所訪問や、地質巡検、戸山祭(文化祭)での展示・発表、英語でのプレゼン方法など色々なことに取り組みます」と説明されます。

楽しみながら学ぶ教科融合型学習

理数重視教育は、SSHクラス選択者以外にも活かされています。数学と物理を関連づけて学ぶなど、日々の授業のなかで教科融合型学習が取り入れられています。なかでも

SSH海外研修

「SSH生物」磯の観察会

SSH講演会

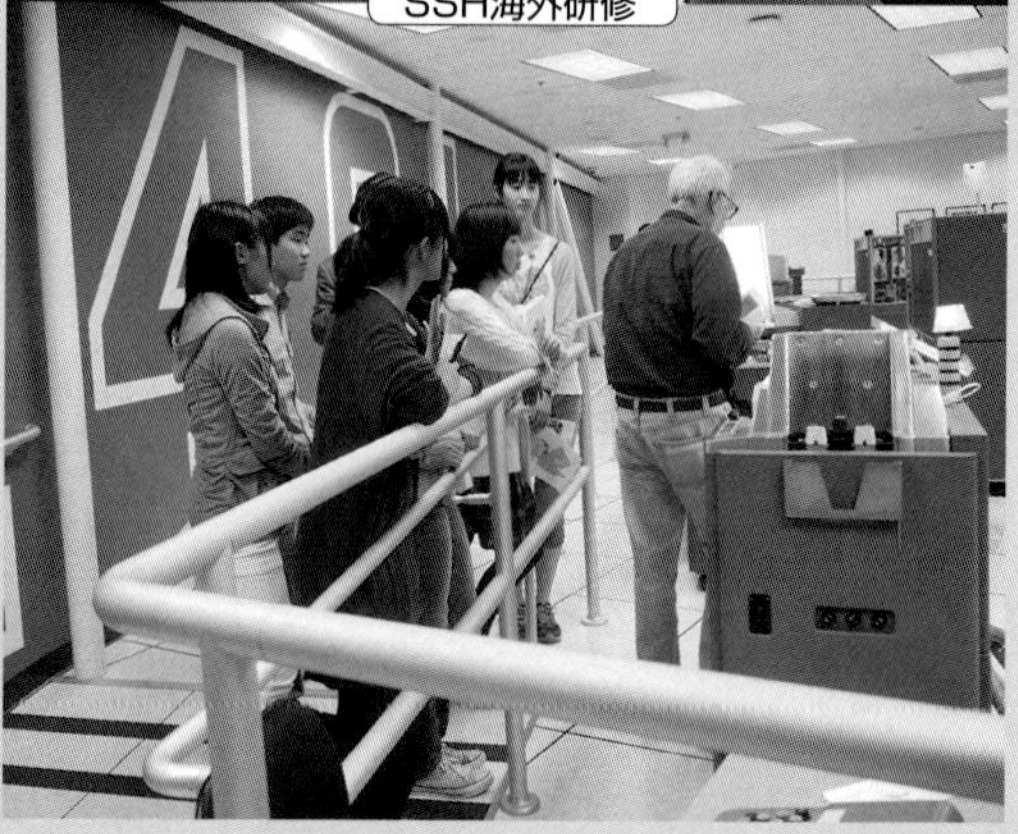

韓国麻浦高校との交流

生徒成果発表会

台湾高級中学校との共同実験

スーパーサイエンスハイスクール(SSH)指定校として、理数課題研究や海外研修など、さまざまな理数教育が実施されています。

特色があるのは、リレー授業です。「例えば、『繊維』をテーマに、社会科の教員が綿について地理や歴史的な側面を、理科の教員が化学としての綿の性質を説明し、そして家庭科で綿の活用方法として浴衣の作り方を学び、さらにこの一連の流れを英語でプレゼンするにはどうしたらいいか、という内容を英語で取り組むといったリレー形式の授業です。これは生徒からも好評ですね。

SSH事業では、国際性の育成も進められ、ほかのSSH校と合同でアメリカの進学校を訪問する海外研修や、姉妹校関係にある韓国の麻浦高校との交流も行われています。

地域への貢献も重視しています。本校主催による合同発表会の実施や、本校の教員による出前授業などに取り組んでいます。今年度からは、小学校の先生へ向けた実験講座の開設も計画しています。」(大野校長先生)

SSH事業で培われた文理融合型の理数重視教育をはじめとした、色々なプログラムが、これからも発展を続けていくことでしょう。

勉強、部活動、学校行事 戸山生はすべてに集中

進路指導も充実しています。学年

に沿って綿密な進路指導計画が立てられ、進路講演会・科学技術講演会・体験教室・オープンカレッジ・医学部志望者向けの医療現場体験など、多彩なキャリア教育が用意されています。

夏休みには夏期講習が行われ、各学年向けに合計100以上の講座が用意されています。さらに、3年次の2学期末からは、大学受験対策として特別授業があります。難関国公立大の2次試験を見据えた記述問題の個別添削指導などが徹底的に行われます。

また、独自の実力テストも実施されています。実力テスト・全国模試・定期考査の結果は、個人成績として管理され、進路指導に活かされています。

戸山が、難関大学への合格実績を着実に伸ばしている背景には、このような行き届いた進路指導があるのです。

最後に、大野校長先生から、戸山をめざす受験生のみなさんへのメッセージをいただきました。

「本校は勉強だけでなく、行事や部活動も盛んです。生徒たちは、勉強、行事、部活動と忙しい日々を送っていますが、充実しているからこそメリハリをつけ、気持ちをうまく切り替えられるようになります。行事や部活動が勉強の妨げになるのではなく、逆に意欲を生み出していきます。忙しさに流されず、高い目標を掲げ、それに向けて日々の地道な努力を続けられるのが戸山生です。

本校には、高い志を持ち、毎日の生活と学習を着実に進められる生徒に来てほしいと思います。」（大野校長先生）

行事

運動会

戸山祭（高3映画）

戸山祭（ブラスバンド部発表）

戸山祭

学校行事やクラブ活動も充実。なかでも9月上旬の戸山祭（文化祭）は最大のイベントで、高1は展示、高2は演劇、高3は映画に取り組みます。

クラブ活動（アメリカン・フットボール部）

高1地学城ヶ島巡検

高1クラスマッチ

卒業式

2015年度(平成27年度)大学合格実績 （ ）内は既卒

大学名	合格者	大学名	合格者
国公立大学		私立大学	
北海道大	10(2)	早稲田大	122(49)
東北大	3(0)	慶應義塾大	44(22)
筑波大	6(1)	上智大	44(16)
千葉大	19(4)	東京理科大	85(37)
お茶の水女子大	8(1)	青山学院大	36(12)
東京大	11(4)	中央大	72(26)
東京工大	5(1)	法政大	62(19)
東京外大	11(2)	明治大	156(59)
東京学芸大	12(3)	立教大	61(20)
東京農工大	15(4)	国際基督教大(ICU)	8(4)
一橋大	14(4)	学習院大	14(4)
京都大	3(0)	津田塾大	14(0)
その他国公立大	58(22)	その他私立大	282(117)
計	175(48)	計	1000(385)

School Data

所在地　東京都新宿区戸山3-19-1

アクセス　地下鉄副都心線「西早稲田駅」徒歩1分、JR山手線・西武新宿線・地下鉄東西線「高田馬場駅」徒歩12分

生徒数　男子535名、女子471名

TEL　03-3202-4301

URL　http://www.toyama-h.metro.tokyo.jp/

3学期制

週5日制（年20回、午前中4時間の土曜授業あり）

6時限　50分授業　1学年8クラス

1クラス約40名

グローバルリーダーを育てる

SGH指定校

富《ふ》士《じ》見丘《みがおか》高等学校

２０１０年（平成22年）に創立から70周年を迎えた女子教育の伝統校・富士見丘高等学校。２０１５年（平成27年）にＳＧＨ指定校となり、新しい時代を生きる、豊かな知性と教養を備えた女性の育成をさらに推し進めています。

文科省よりSGHに指定

富士見丘高等学校（以下、富士見丘）は、２０１５年（平成27年）に文部科学省よりＳＧＨ（スーパーグローバルハイスクール）に指定を受けました。

これは、将来国際的に活躍できるグローバルリーダーの育成に努める学校として、公に認められたことを意味しています。グローバルリーダーを育成するために、富士見丘では従来の学校の枠を打ち破る新たな学校生活をデザインしました。

それは、

①グローバルイシューの理解とその解決に向けた情熱の向上を目指す、国内外の大学との高大連携プログラムの開発

②生徒の主体的な学びを実現し、他者と協働して課題を解決する力を養う21世紀型教育（アクティブラーニング）の実践

③海外の人と英語で意見交換することに対する意欲と、コミュニケーション力を育てるグローバルスタディプログラムの推進

の3つより構成されています。

富士見丘のカリキュラムの特徴は、生徒1人ひとりの多様な進路に合わせた自由度の高い編成がなされていることです。時間割を組むにあたって、習熟度別授業・チームティーチング・合同授業など、各科目の特性に合わせてフレキシブルに授業スタイルを変えているのも特徴でしょう。

高2からは履修科目の約半分が選択科目となり、富士見丘の生徒は92の選択科目のなかから、各自の目標や進路に応じた科目を選択し、オリジナルの時間割に沿って授業を受けるのです。

高大連携プログラム

SGH指定校の富士見丘が進めるプログラムの1つとして高大連携プログラムがあります。富士見丘の考える高大連携とは、単なる大学教授の出張授業ではなく、高校・大学それぞれが単独ではなしえないことを両者が連携することで、達成することを目標としています。

具体的には共同研究をしていくなかで、大学側は中高生のデータが得られ、中学高校側は大学生の研究方法やプレゼンテーション力を学ぶことができます。

昨年、慶應義塾大理工学部伊香賀研究室との連携プログラムでは、「運動と学習効率の関係を考える」をテーマに年間を通して共同研究を進め、今年3月には全校生徒の前で発表会を行いました。

今年度は慶應義塾大学院メディアデザイン研究科大川研究室とも連携を結び、高1生全員が受講する「サスティナビリティ基礎講座」におい

高１慶應義塾大学院との高大連携プログラム

て、年間全8回のアクティブラーニング型授業を実施しています。この授業ではファシリテーターとして参加する大学院生の半数が留学生で、高1生徒の各グループに英語でアドバイスをしてくれ、高校生には大いに刺激を与えてくれています。

さらにこの講座では、富士見丘の教員による年間全12回の教科横断型の授業や、10月に1泊2日で実施する釜石フィールドワークを通して、思考力・判断力・表現力を磨き、世界に通用するグローバルリーダーを育てているのです。

イギリス姉妹校からの留学生とホストシスター

新コース制の導入

世界の若者のなかで、自分の意見を発信するためには相応の英語力が求められます。富士見丘では英語4技能（読む・書く・聞く・話す）のレベルアップのために、TOEFL Juniorを取り入れました。

また、高校では新コース制を導入。グローバルコース（一般）とアドバンストコースAB（英語特進コース）に分けて募集します。大きな違いとしてはネイティブ教員の時間数が、グローバルコースで週2時間、アドバンストコースAで最大週4時間、アドバンストコースBは最大週7時間になります。

現在、ネイティブ教員が7人在籍し、その多くは専任講師なので、授業はもちろんのこと、朝早くから放課後まで特別講座や部活動においても生徒の指導にあたっています。

高校全生徒の約12％の割合で帰国生が存在しているのも、富士見丘の特徴です。そのなかには、日本語より英語の方が得意な生徒もおり、日常的にクラスで英語が飛び交っています。

さまざまな海外研修制度

授業で身につけた英語力を実践する場として、全員が参加する高2アメリカ修学旅行は姉妹校交流をメインプログラムとしています。生徒1人に姉妹校生徒が1人以上つき、いっしょに授業に出たり、ランチを食べたり、交歓会をしたりと英語漬けの1日を過ごします。

また、約3週間のホームステイを中心としたイギリス短期留学は44年前から実施されている歴史あるプログラムです。

午前中は語学研修、午後はさまざまなアクティビティが用意されており、昔お城だった建物を校舎として用いている姉妹校訪問は生徒たちにも大人気です。

イギリス・アメリカ・オーストラリアの姉妹校5校に年間約10名が選抜される3カ月・6カ月留学は、現地校の授業にそのまま出るので、英語力が必要とされます。生徒たちはこの留学へのモチベーションが高く、必死に英語力を高めようと努力しています。

この短期留学、3・6カ月留学に参加した生徒は全校生徒の3人に1人、富士見丘の生徒にとって海外留学は決して特別なものではないのです。さらにそれらの海外姉妹校から留学生が年間を通してやってきます。つまり、富士見丘のなかで海外交流ができるのです。

School Information

所在地　東京都渋谷区笹塚3-19-9
TEL　03-3376-1481
URL　http://www.fujimigaoka.ac.jp/
アクセス　京王線「笹塚駅」徒歩5分

学校説明会日程

●高等学校説明会

10月4日（日）　10：30～11：30
（文化祭　10：00～15：00）

11月23日（月祝）　13：00～14：00
（個人相談会　14：00～15：00※要予約）

11月28日（土）　13：00～14：00
（入試問題傾向と対策　14：00～15：00、個人相談会　15：00～※要予約）

12月5日（土）　10：00～11：00
（入試問題傾向と対策　11：00～12：00、個人相談会　12：00～※要予約）

12月20日（日）　13：00～14：00
（個人相談・在校生との懇談会　14：00～15：00）

●帰国生対象 学校説明会

10月24日（土）　10：00～11：00

11月23日（月祝）　10：00～11：00

No.215 School Navi

男子校　東京都　板橋区

芝浦《しばうら》工業《こうぎょう》大学《だいがく》高等学校

School Data

- **所在地**　東京都板橋区坂下２-２-１
- **生徒数**　男子536名
- **ＴＥＬ**　03-5994-0721
- **ＵＲＬ**　http://www.ijh.shibaura-it.ac.jp/
- **アクセス**　都営三田線「志村三丁目駅」徒歩８分、JR埼京線「浮間舟渡駅」徒歩15分

生徒の興味・関心に応える独自の理工系教育を展開

芝浦工業大学の併設校である芝浦工業大学高等学校（以下、芝浦工大高）。現在は東京・板橋区にキャンパスを構えていますが、２０１７年（平成29年）には芝浦工大の本部校舎がある豊洲への移転が決まっています。新校舎は、「体験し、自ら学び考える校舎」をコンセプトに、理科実験室、技術工作室、コンピューター室などを充実させるとともに、全教室に電子黒板機能つきのＡＶ装置を備え、最新のＩＣＴ機器を設置したアクティブラーニング専用の教室を設けるなど、学習に最適な環境です。

　また、２０１７年には共学化も予定されており、高大一貫で女性研究者・技術者を育成する教育もスタートします。

約８割が理工系の進路へ 大学との連携教育が魅力

　芝浦工大高では、２年次に理系・文系コースに分かれますが、約８割は、芝浦工大または他大学の理工系学部へ進学します。確かな学力を養いながら、生徒の理工系分野への興味・関心を伸ばす独自の教育が展開されています。

　例えば、全学年で実施される「ショートテクノロジーアワー」は、国語や社会、芸術や保健体育にいたるすべての教科と科学技術とのかかわりについて学ぶ芝浦工大高ならではのプログラムです。２０１４年度（平成26年度）は「歌舞伎と科学（国語）」「体脂肪率測定のしくみ（保健体育）」などが実施されました。

　ほかにも希望者を対象に、ロボット制作やプログラミングを学ぶ専門的な講座が用意され、芝浦工大への進学を希望する生徒には、２年次に「理系講座」が開かれます。「理系講座」は、芝浦工大の全学部学科の教授陣による最先端の研究内容についての講義です。生徒は異なる学部や学科の講義を聴くことで、自分に最適な進路を見つけていくことができるのです。こうした高大連携教育は芝浦工大高の大きな魅力です。

　「理系講座」以外にも、高３の希望者が大学の講義を受けることができる大学先取り授業や、推薦進学者の最優秀者に３カ月間の海外留学の機会が与えられるという併設校の強みを活かした制度が用意されています。

　そして、理系教育や高大連携教育に加え、人前で堂々と自分の考えを話すための「話し方講座」や、科学技術を題材にした英語研修などを行うニュージーランドホームステイなど、言語教育にも力を入れ、世界の人々とコミュニケーションをとれるグローバル人材の育成に取り組んでいます。さまざまな独自の教育により、世界に貢献する理工系人材を育てる芝浦工業大学高等学校です。

男子校　東京都　新宿区

成城《せいじょう》高等学校

School Data

所在地	東京都新宿区原町3-87
生徒数	男子のみ848名
TEL	03-3341-6141
URL	http://www.seijogakko.ed.jp/
アクセス	都営大江戸線「牛込柳町駅」徒歩１分

人間力の高いリーダーを育成する

今年、創立１３０周年を迎えた成城高等学校。校章の三光星には「知（確かな知識・教養）」「仁（思いやり・チームワーク）」「勇（果敢に挑戦する勇気）」という意味があり、これらを備えた人間力の高いリーダーの育成をめざしています。

創立１３０年を機に、新校舎が完成しました。チューター常駐の自習室「自修館」や生徒の自習スペースがある職員室が新設され、快適な学習環境が整いました。また、全面人工芝化されたグラウンドに加え、サブグラウンドや地下の体育室が新設され、運動施設もさらに充実しています。建学の精神「文武両道」をより実現しやすい環境が生まれました。

先を見据えたカリキュラム編成

高1は芸術選択に基づくクラス編成、高2から文系・理系に分かれ、高3ではさらに進路別に文理それぞれで国公立型・私立型のコースに分かれ、計4つのコースになります。

高2の文理選択を前に、高1では「未来の履歴書」という取り組みを行います。これは、自分が大学4年生になったと想定して、希望する就職先に向けて架空の履歴書を作成するというものです。大学進学の先を考えてからいまの自分を考えることで、自分の進路を違った角度から再確認することができます。

また、高3の3学期は通常授業を実施せず、教員が用意したさまざまな講座を生徒が自由に選択する講座制授業を導入しています。大学受験直前の分野別大学別集中講座のほか、早期に大学進学が決定した生徒用の大学入学の下準備になるような講座や、受験勉強で疲れた身体をリフレッシュするための体育の講座など、多彩な講座が用意されています。

自己確立・自己実現のための夏期休業中のプログラム

特徴ある取り組みの1つに、高1・高2の希望者が参加する国内研修「エンパワーメント・プログラム」があります。夏休み中の5日間、カリフォルニア大から学生を成城に招き、生徒とチームになって議論・企画・発表をすべて英語で行います。「エンパワーメント」には「自己確立・自己実現」という意味もあり、プログラムを通して、自分の意見を持って伝える力、論理的に物事を解決する力を育みながら、リーダーとして活躍するために必要な力も養っていきます。

今年度から台湾とオーストラリアでの海外研修もスタートし、幅広い視野を養う環境がますます整った成城高等学校。生徒たちは身につけたリーダーシップを社会でも存分に発揮することでしょう。

FOCUS ON

東京都　私立　男子校

明《めい》治《じ》大《だい》学《がく》付《ふ》属《ぞく》中《なか》野《の》高等学校

大渡《おおど》 正士《まさし》 校長先生

School Data

所在地
東京都中野区東中野3-3-4

アクセス
JR中央線・JR総武線・都営大江戸線「東中野駅」徒歩5分、地下鉄東西線「落合駅」徒歩10分

TEL
03-3362-8704

生徒数
男子のみ1222名

URL
http://www.nakanogakuen.ac.jp

- 3学期制　週6日制
- 月5時限、火～金6時限、土4時限
- 50分授業
- 1学年9クラス
- 1クラス約45名

礼節を重んじながら個性を伸ばす教育を実践

明治大の付属校として、独自の高大連携教育を展開し、個々の希望をかなえるための進路指導が行き届いている明治大学付属中野高等学校。規則を順守しながら、学習やクラブ活動、行事に熱心に取り組む生徒を育てる名門男子校の教育は、創立80年を超えたいまもなお受け継がれています。

校歌にも登場する2つの校訓「質実剛毅」「協同自治」

明治大学付属中野高等学校（以下、明大中野）は、1929年（昭和4年）に御《み》木《き》徳一《とくはる》先生が創立した旧制中野中学校を前身とします。1945年（昭和20年）の空襲によって校舎が全焼しましたが、第8代校長の片桐誠先生の尽力によって、1949年（昭和24年）に明治大学の付属校として新たなスタートを切りました。2009年（平成21年）に迎えた創立80周年記念事業として校舎を全面的に建て替えており、現在までに中学棟が完成、まもなく高校棟も完成予定です。

校訓の「質実剛毅」「協同自治」について、大渡正士校長先生は以下のように話されます。

「校歌の2番と3番にこの2つの校訓が登場します。『質実剛毅』は2番で歌われている『芙蓉峯《ふようほう》（＝富士山）』のように、周りに流されずにどっしりとかまえよう、外見ばかりを飾らずに、内面を磨いていこう、ということを意味しています。3番には『協同自治を誓ふ子に』という歌詞が出てきます。これは友だち同士、大いに交流を深め、一致団結して協力していこうということです。本校の『みんなで仲良く、正直に真面目に、精一杯努力しよう』という合い言葉もこの校訓をもとにしたものです。」

なりたい自分を探そう なりたい自分になろう

付属の中学から高校へ進級する併中生と、高校から入学する高入生は、1年次から混合クラスです。各クラスに併中生と高入生が均等に編成されるのは「出会いの幅を広げることで、色々な友人とつきあってほしい」（大渡校長先生）との思いからです。

カリキュラムは1年次は共通課程、2年次から文系コースと理系コースに分かれます。高1・高2で、柔道か剣道の授業が選択必修となっているのが特徴です。

「生徒にはあいさつがきちんとできる人になってほしいと思っています。武道は試合の勝ち負けよりも礼儀やあいさつなどを重視するので、そういう意味でも武道の授業は大切な授業として位置づけています。

また、本校は受験一本に絞っている学校ではないので、生徒にはいつも『なりたい自分を探そう、なりたい自分になろう』と話しています。受験があると『数学が苦手だから文系に行く』というように消去法で進

施設

トレーニングルーム

バスケットコート

相撲場

中学棟全景

温水プール

コンピュータ教室（中学棟）

高校棟の建設に伴い、現在は中学棟の一部を高校生も使用しています。体育施設も充実しており、地上４階、地下２階建ての総合体育館は、授業や部活動で最大限活用されています。

路を選択してしまいがちですが、本校は付属校ですので、全教科をきちんと勉強して、そのなかから自分の学びたいもの、なりたいものを探すことができます。」（大渡校長先生）

学習をサポートする講習の種類も豊富です。学校がある日の早朝（7時ごろから）と放課後に行われているのが「平常講習」です。問題演習を中心にした講座が、学年ごとに各教科でレベル別に開かれているため、自分に合った講習を受けられます。夏休みの「夏期講習」は、おもに午前中に開講されています。明大中野はクラブ活動も盛んなため、午後はクラブ活動に思う存分打ち込んでもらうためです。

魅力的な進路セミナー 新たな海外研修制度も

毎年、明大中野生の7割強が推薦で明治大へ進学しており、明治大と連携した各種講座や見学会を通して、3年間をかけて自分に合った学部・学科を見つけていきます。

高1向けには、各学部の学部長が講師となって学部の特色を説明する「明治大学特別進学講座」が行われています。さらに、明治大主催の「法学入門講座」「簿記講座」「語学講座」（すべて高1～高3対象）や、理系志望者向けの「明治大学生田キャンパス見学会」（高2対象）、「明治大学公開授業」（高3対象）もあります。

明治大の推薦を希望する生徒が書く志望理由書には「公開授業を受けてこの分野に興味を持ったので、この学部に進みたいと思った」と書く生徒が毎年何人もいることからも、こうした連携教育がいかに進路決定に役立っているかがわかります。

特色あるキャリア教育としてあげられるのが、NPO法人「16歳の仕事塾」と連携して行う進路セミナー「16歳の仕事塾プロジェクト」です。対象は高1・高2で、色々な企業で活躍する方を招き、学生時代の話や現在の仕事の話などを聞くことで、自分の将来について考えを深めることができます。2014年度（平成26年度）には三井物産、ANA総合研究所、本田技研工業、ソフトバンクモバイル、新日鉄住金エンジニアリング、清水建設などで働く方を招きました。

「職業を通じて自分を投影してみることも将来を考えるうえで必要なことだと思います。講演を聞いたあとに提出してもらった感想文は、講演内容をまとめた冊子に掲載しています。それを自宅に持ち帰り、感想について話しあうことで、家庭内でも生徒の将来についての会話が生まれています。」（大渡校長先生）

こうしたキャリア教育と連動して、実際に自分が海外で活躍するイメージをつかんでもらいたいとの目的で、2015年度（平成27年度）から希望者を対象としたアメリカでの海外研修が始まりました。夏休み

クラブ活動

運動部、文化部ともに盛んに活動しています。とくに運動部は、全国大会に出場する部もあり、校舎壁面にはその活躍を称える垂れ幕が掲げられています。

スケート部

ラグビー部

生物部

射撃部

移動教室

高1の夏休みに行う移動教室は、クラスの友人と仲を深めるいい機会です。長野県にある校外施設「岳明寮」に宿泊します。修学旅行は沖縄へ。シュノケーリングなどのマリンスポーツを体験し、沖縄の自然とふれあいます。

行事

修学旅行

桜山祭

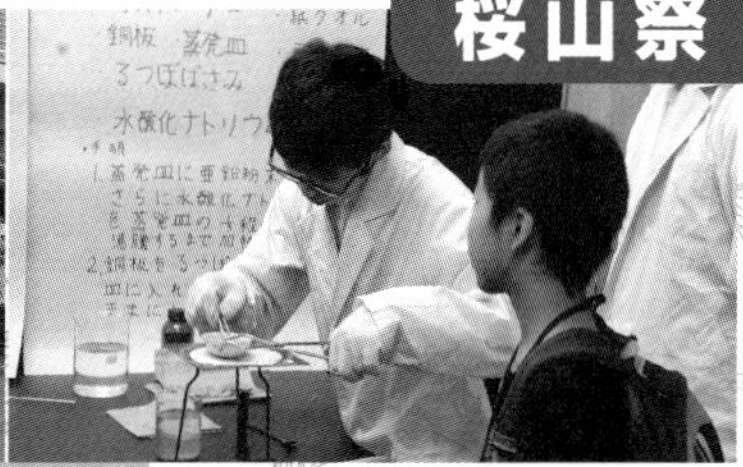

体育の部
体育祭

文化の部
文化祭

明大中野では、文化祭と体育祭を合わせて「桜山祭」と呼んでいます。高3有志による御輿《みこし》など、毎年、男子校ならではの盛りあがりをみせる文化祭。工事のため今年度は開催されませんが、そのぶん、新校舎で行われる来年度の文化祭はエネルギーに満ちあふれたものとなることでしょう。体育祭の会場は、立川公園陸上競技場です。騎馬戦、棒取り、綱引きなど、どの種目も男同士の熱い勝負が繰り広げられます。

中の2週間を使っての研修で、前半は東海岸のニューヨークとボストンを訪れ、ニューヨークでは国連本部、グラウンド・ゼロを、ボストンではハーバード大、マサチューセッツ工科大を訪問します。後半は西海岸のロサンゼルスへ移動し、ホストファミリー宅でホームステイをしながら現地の語学学校へ通います。

希望がふくらむ新校舎での生活

明治大への推薦は、独自の方式が採用されています。定期テストや推薦テストなどの成績を基本とするのですが、その成績を1年生では2倍、2年生では3倍、3年生では4倍と、学年があがるにつれて成績の重要度を増していくのです。これは、併中生と比べて高入生が不利にならないよう導入された制度であるとも言えます。大渡校長先生は、「高入生は学校に慣れる期間も必要でしょうし、せっかくの高校生活なので、勉強以外のクラブ活動などにも励んでもらいたいと思っています。ですから、徐々に勉強に力を入れていき、最後の3年生で決着をつける、というこのような方式を採用しています」と説明されます。

また、明治大の付属校ではあるものの、国公立大や明治大にない理系学部に進学する生徒も毎年一定数おり、幅広い進路選択を支援しているのも明大中野の魅力です。

現在進行している新校舎建設工事が完了するのは2017年（平成29年）ですが、新しい高校棟は今年度中に完成予定のため、中3のみなさんは入学すれば真新しい新校舎で生活することができます。

「本校は頭髪検査や所持品検査など、色々な部分で規則があり、人に対する態度や礼儀を大切にしています。そうしたルールを理解し、きちんと守ったうえで、さまざまなことにチャレンジしながら充実した3年間を過ごしてもらいたいです。」（大渡校長先生）

2014年度（平成26年度）大学合格実績 （）内は既卒

学部名	進学者
明治大学推薦者内訳	
法学部	38
商学部	50
政治経済学部	55
経営学部	37
文学部	21
情報コミュニケーション学部	24
国際日本学部	10
理工学部	37
農学部	16
総合数理学部	9
計	297

大学名	合格者
他大学合格者（国公立）	
東京大	3(1)
一橋大	1(0)
東京工大	1(0)
筑波大	1(0)
千葉大	4(1)
東京農工大	2(0)
東京海洋大	1(0)
電気通信大	3(0)
その他国公立大	4(2)
国公立大合計	20(4)
他大学合格者（私立）	
早稲田大	16(3)
慶應義塾大	11(3)
上智大	6(0)
東京理科大	12(5)
その他私立大	164(59)
私立大合計	209(70)

教えてマナビー先生！

世界の先端技術

▶マナビー先生

日本の某大学院を卒業後海外で研究者として働いていたが、和食が恋しくなり帰国。しかし科学に関する本を読んでいると食事をすることすら忘れてしまうという、自他ともに認める“科学オタク”。

search 救命リストバンド

もしおぼれてもレバーを引けば一瞬で風船が膨らみ命が助かる

暑い夏だったね。暑いときには海やプールで遊びたくなるけれど、いたましい水の事故のニュースを聞くのはつらい。今回紹介するのは、そんな水の事故を減らそうと考えられた救命リストバンドだ。

普段使っている水中救命道具としてはライフベストがよく使われている。

ライフベストをつけていると浮力が増し、体力を使わずに浮いていることができるので、多くの水の事故を防いでくれる。水に入るときはみんながこのライフベストを着用すれば事故を未然に防ぐことができるはずなのに、なぜ事故にあった多くの人はライフベストを着用していなかったのだろうか。

１つには価格の問題がある。命と引き換えと考えるとそんなに高いものではない、とはいえ安いものでもない。価格の問題は海や川などで遊ぶときにレンタル品を使うということでも対応できるけれど、着用しなかった大きな理由のもう１つが、ライフベストは、大きくて持ち運ぶのも面倒だし、着用すると浮力がついているので動作をしにくくなる。シュノーケルをつけて水に潜り、魚とたわむれるなんていうことはできなくなってしまうんだ。

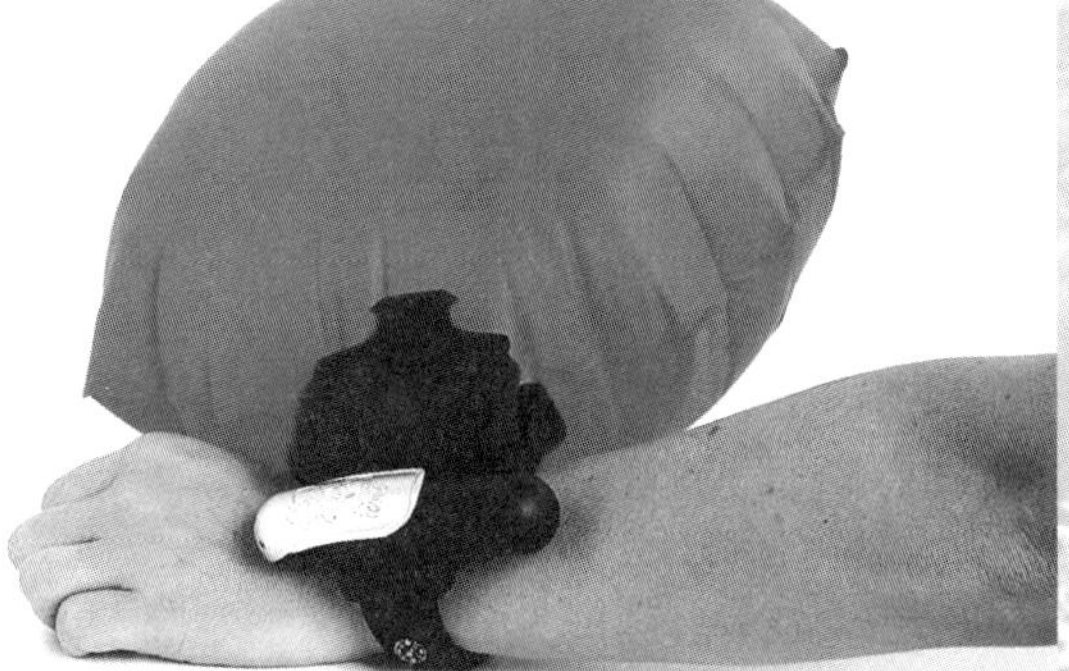

普段はただのリストバンドだが、水中で異変が起きたとき、ハンドルを引けば一瞬で写真のように風船が膨らんで命を助けてくれる

Kingii（キンジー）と名づけられた、この救命リストバンドは、小さくて軽く普段遊ぶときには邪魔にならない。それでいて、いざというときには一気に浮力をつけてくれる優れものなんだ。リストバンドという名前でもわかるように、この装置は手首に巻いて使う。手首に巻いてもかさばらないので、楽しい水遊びを邪魔することもない。手首に巻くだけなので装着も簡単だ。

これを作った人も友人を水の事故で亡くしたことから、邪魔にならずに、水のなかで問題が起きたときに使える装置を作りたかったのだそうだ。

リストバンドについている緊急用ハンドルを引くと、たったの１秒で風船が膨らむ。これで大人の人でも浮かんでいることができるようになるからすごい。

CO^2のカートリッジで膨らますようになっているのだけれど、そのカートリッジは特殊なものではないので、色々なところで購入することができる。また、カートリッジを交換することで何度でも使うことができる。

装置には事故にあったときに役立つようにコンパスや警笛もついている。

こんな気楽に装着できる装置で少しでもいたましい水の事故が減ってほしいものだね。

三田国際学園高等学校

MITA International School

グローバル時代に必要な思考力・創造性・コミュニケーション力を身につける

School Information

Address
東京都世田谷区用賀2-16-1

TEL
03-3707-5676

Access
東急田園都市線「用賀駅」徒歩５分

URL
http://www.mita-is.ed.jp/

校名変更、共学化という大きな変化のもとで迎えた２０１５年度（平成27年度）入試で大きな躍進を遂げた三田国際学園高等学校。その躍進の陰には、「グローバル時代に生き抜く子供たちを育てる」という信念に基づいた教育改革がありました。

共学化1年目でも男子も多く受験

三田国際学園高等学校（以下、三田国際）は、２０１５年度（平成27年度）より共学化し、教育カリキュラムも改革。その教育改革が大きな注目を浴びた結果、今年度入試では３６４名の受験生を集めました。

女子校からの共学化初年度でありながら、男子も学校側の予想以上の人数が受験し、スーパーイングリッシュコース（SEC）、スーパーサイエンスコース（SSC）、本科コース（RC）の3コースのうち、SSCは男子が女子の人数を上回る結果になったのも特筆されます。

「今年はまだ男子は1年生だけですが、『少ない』という印象はなく、授業や学校行事、クラブ活動など、学校のさまざまな場面で存在感を示してくれています。SSCにしても、SECにしても、『ここでこんな勉強がしたい』という目的意識を持って入学してきた生徒が多いからこそ、授業にも行事にも積極的に取り組めるのではないでしょうか」と広報部の天野尚子さんは話されます。

こうした男子生徒の元気のよさは、「三田国際に興味があるけれど、共学になったばかりだし、大丈夫だろうか…」とお考えの男子の受験生とその保護者のみなさんにとっては、大きな安心となることでしょう。

なぜ、これだけの受験生が集まったのでしょうか。その秘密は、２０１４年度（平成26年度）に行われた学校説明会にありました。大橋清貫学園長をはじめとした先生方は、大学合格実績については一切語らず、「どんな生徒を育てたいか」「そのためにどんな教育を行っていくか」を語り、そのための教育改革の内容について説明されたそうです。

「説明会に訪れた保護者の方々も、社会の一線で活躍されているビジネスマンであり、時代がいま、そしてこれから、どのようなスキルや資質を必要としているのか、実感として分かっていらっしゃるのだと思います。だからこそ、大学進学実績にこだわらない学校選びをなさっていて、本校の教育方針に共感していただいたのではないでしょうか。

また、高校受験の場合は、中学受験に比べて、生徒自身が本校の説明会に参加し、『確かにここで身につけられる力が必要だな』ということを感じて入学してきてくれています。併願者の入学手続き率も高く、第1志望の学校には合格できなかったかもしれないけれど、前向きに本校に入学してきてくれた生徒が多いです。」（広報部長の今井誠先生）

新たな学びの中心 相互通行型授業

そうした高い意欲を持った生徒が多く入学してきたことで、学校全体の雰囲気も大きく変わりつつある三田国際の、すべての学びの中心に据えられているのが「相互通行型授業」です。

従来の授業を聞き、ノートに書いて覚えることがメインの「一方通行型」とは異なり、たんなる知識の獲得にとどまらない、これからますます必要とされる思考力・創造性を培います。生徒の興味や関心を引き出すきっかけとなる先生の問いかけ

（トリガークエスチョン）から始まり、先生と生徒、生徒と生徒が活発にコミュニケーションをとるインタラクティブ（双方向）な授業です。

各教科の授業において、さまざまなタイミングでこのトリガークエスチョンが出され、生徒は議論やプレゼンテーション、レポート提出などを通して個人やグループとして意見を出していきます。

大切なのは、自分や自分のグループの意見や考えを主張するだけではなく、ほかの人やグループの意見、考えをしっかりと聞くことで、多様な意見があるということをお互いに理解し、話しあいを進めることで、さらに思考が深まっていきます。

相互通行型授業

体育祭

オリエンテーション合宿

こうした学びの姿勢は三田国際では「貢献」（Contribution）という言葉で表され、新しい教育の指標のひとつとなっています。書かれたこと、言われたことを覚えるだけでなく、積極的に授業に参加し、自分で考え、自分の意見を口にすることで、自身だけではなく、クラス全体に化学変化が生まれ、自由な発想が生まれる文化・風土を学校全体に根づかせることをめざしています。

すでに2年前から相互通行型授業はスタートしていますが、このスタイルになじんでいる高2・高3のみならず、入学してから半年にも満たない高1でも、ときには話し合いが45分の授業時間では物足りず、休み時間まで自主的に続ける、というようなこともあるといいます。

高1でもスムーズに相互通行型授業になじんでいける生徒が多い理由には、学校説明会などから、どういった授業が行われるかを理解している生徒が多いこと、そしてオリエンテーション合宿があげられます。

入学後すぐに用意されているオリエンテーション合宿で、コーチング研修などの複数のアクティビティを通して、コミュニケーションスキルの向上が図られます。

この合宿で自分の思っていることを口にし、また、相手の話に耳を傾けることでお互いに理解しあうことの大事さを学ぶことができます。この相互理解が相互通行型授業につながっていくのです。

めざす進路、身につけたい力によって選ぶ3つのコース

また、三田国際は「グローバル人材」の必須の能力とも言える実践的な英語力の習得にも力を入れており、すべてのクラス、コースでネイティブスピーカーによる授業があります。とくにSECは週10時間の英語授業が軸となり、ネイティブスピーカーとの対話を中心として、「国際」の名を冠する三田国際だからこそできる英語教育が行われています。

高いサイエンスリテラシーを持った生徒を育てるSSC、多彩な進路を選び取れる本科コースとともに、次号では3つのコースについて、詳しくご紹介します。

学校説明会

すべて10:00〜

- **オープンスクール**
  10月3日(土)
- **学園祭**
  10月31日(土)
  11月1日(日)
- **高校説明会**
  11月28日(土)
  12月5日(土)

和田式教育的指導

2学期が始まって間もないこの時期に重要なポイントは、「課題科目」と「苦手科目」を選別することです。これにより、効率的な受験勉強が可能になります。今月号では、「課題科目」と「苦手科目」のそれぞれの違い、模擬試験を使った選別方法と対策についてお話しします。

2学期からの受験勉強を成功させるポイントとは

模擬試験からわかること

2学期が始まりました。中学3年生は、これまでのように時間をかけてじっくりと受験勉強ができる時期は過ぎたと思ってください。

これからの受験勉強は、入試までの残り時間を意識して取り組みましょう。つまり、限られた時間を使い、より効率的に学力をあげるにはどのように勉強したらよいのかを考えていく必要があります。

まずは、現時点の自分の学力と課題点を確認しましょう。最近受けた模擬試験の結果を見てください。

この時期になると、受験生のなかには、すでに合格レベルに達しているという結果が出た人もいると思います。一方で、まだ課題が残っている科目がある人もいるでしょう。どちらにしても、点数の低い科目を今後どのように勉強して伸ばしていくかが重要になります。

点数の低さにも2通りの意味合いが

では、各科目の結果を見て、間違

和田先生のお悩み解決アドバイス

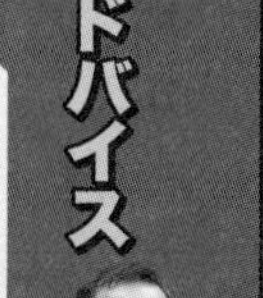

Q 勉強する意味を見失ったときは

Hideki Wada
和田秀樹

1960年大阪府生まれ。東京大学医学部卒、東京大学医学部附属病院精神神経科助手、アメリカのカールメニンガー精神医学校国際フェローを経て、現在は川崎幸病院精神科顧問、国際医療福祉大学大学院教授、緑鐵受験指導ゼミナール代表を務める。心理学を児童教育、受験教育に活用し、独自の理論と実践で知られる。著書には『和田式　勉強のやる気をつくる本』（学研教育出版）『中学生の正しい勉強法』（瀬谷出版）『難関校に合格する人の共通点』（共著、東京書籍）など多数。初監督作品の映画「受験のシンデレラ」がモナコ国際映画祭グランプリ受賞。

った問題や解けなかった問題が、なぜできなかったのかを考えてみましょう。その理由から、入試科目を「課題科目」と「苦手科目」の2種類に選別していきます。とくに点数の低かった科目は、今後挽回できるかどうかが重要となりますので、よく考えましょう。

例えば、「社会と理科の2科目は、これまで国語・数学・英語の3教科にばかり取り組んでいて、まだやり残している部分があったからだ」というように、単にまだ勉強できていない部分があったから、という場合、これは「課題科目」です。やるべき課題が明確で、勉強すればすぐに得点が伸びそうな科目と言えます。

「数学が低かった。勉強はずっとやってきているけど、苦手でなかなか伸びない」というのであれば、これは「苦手科目」です。

あまり勉強してこなかった科目で点数が低いのと、これまで一生懸命に勉強してきて点数が低い場合とでは、意味合いが違うのです。

まずは伸びやすい「課題科目」をやろう

「課題科目」と「苦手科目」に分けることができたら、今後受験勉強をどのように進めていくか計画を立てましょう。

模試の結果、あまり勉強しなくても40点取れた「課題科目」と、一生懸命勉強してきて40点しか取れなかった「苦手科目」があるとします。

「課題科目」は、これから勉強すれば点数が伸びやすいことが予想できます。逆に「苦手科目」は、点数を伸ばすのに時間がかかるかもしれません。それなら、短時間で伸びやすい「課題科目」にまずは取り組む方が、より早く志望校の合格最低点に達することができるでしょう。

「苦手科目」を克服したい気持ちはわかりますが、受験の目標は志望校に合格することです。合格最低点突破をめざし、まずは伸びやすいところを伸ばしましょう。2学期からの勉強はこうした計画が必要です。

A 意味がなく思える勉強も社会に出るための訓練

勉強に疲れたときに、「いま必死に勉強しているけど、例えば日本史や世界史の年号や、数学の公式を覚えることに意味はあるの？　将来役に立つの？」と思う人もいるでしょう。確かに、歴史の年号を言う必要があったり、数学の公式を使って複雑な計算をする場面は、日常生活ではあまり出てくるとは思えませんね。しかし、だからといって、勉強する意味がないとは言えません。

なぜなら、勉強とは知識を得ることだけではなく、「勉強をすること」にも価値があるからです。大人になって社会に出ると、覚えなければならないことがたくさんあります。いま暗記に取り組むことは将来のこうした場面に備えた「覚える練習」と言えるのです。数学にしても、学ぶことを通して数学的な発想やものの見方が身につきますし、勉強することで育まれる集中力や時間管理の方法も将来必要となる能力と言えます。

こうして身についた数々の力は、社会に出て役立つ本質的なものです。いまの勉強は、将来へつながっているのです。

Pick UP
ピックアップスクール
School

さまざまな個性が響きあう女子校
入試制度改革でより受験しやすく
桐《とう》朋《ほう》女《じょ》子《し》高等学校

TOHO GIRLS' SENIOR HIGH SCHOOL

「『時代を創る女性』を育てる」ために学力と感性をバランスよく鍛えている桐朋女子高等学校は、2016年度（平成28年度）入試からいくつかの入試制度改革を行います。

さまざまな個性が出会い、刺激しあいながら、生徒それぞれが自分のポテンシャルを伸ばしていくことができる桐朋女子高等学校（以下、桐朋女子）。21世紀を生き抜いていくために必要な思考力や表現力、創造力を磨く教育を一貫して行ってきた女子校です。

その桐朋女子が２０１６年度（平成28年度）入試より、高校の入試制度を大きく変更し、受験生にとってより魅力的な学校になりました。

まずは一般入試の募集人数です。これまでの約15人から、約40人へと大きく増やしました。高校からの入学生が多くなることで、よりたくさんの刺激がもたらされることになるでしょう。

併願優遇制度を導入

次に優遇制度です。国公立の高校を第1志望、桐朋女子を第2志望とし、さらに以下の2つの条件を満たす場合に優遇制度を利用することができます。

(1) 中学3年の2学期時点での9教科の5段階評定合計が38以上、または5教科（国語・社会・数学・理科・英語）の5段階評定合計が22以上で、かつすべての教科の評定が3以上。

(2) 中学1年から3年の2学期時点までの欠席の合計が20日以内（ただし例外あり）。

とくに(1)に関しては、クラブや生徒会、ホームルーム、学校行事などでの活動や、英語検定、漢字検定などで準2級以上の取得でも加点されるようになりました（推薦入試も同様。ただし評定合計に違いがあるので要問い合わせ）。

さらに入学手続きについても3月3日まで延納が認められ、山梨県など、公立高校の合格発表がそれ以降の所在地の生徒は、それも考慮するという形になりました。

これまでの入試制度から大きく変化を遂げた桐朋女子ですが、その背景には、これまで培ってきた教育内容に自信を持っているということがあげられます。

「本校は、大学受験を見据えた勉強だけではなく、実験やレポート提出、ディベートなどを行う授業が多く、これからの時代に欠かせない考える力（思考力）や書く力（表現力）も大いに養うことができます。また、勉強に加えて、学校行事、クラブ活動、委員会活動など、すべてにおいて真剣に取り組む3年間を過ごせる学校です。

お互いの個性を認め合い、何でも自分たちでやるという姿勢を身につけられる桐朋女子での3年間は、みなさんにとってきっと大切な時間になると思います」と今野淳一副校長先生は話されます。

女子校ならではの学びに関心がある受験生はもちろんのこと、国公立を志望している人にとっても魅力的な入試制度改革を行った桐朋女子高等学校です。

School Information

Address
東京都調布市若葉町1-41-1

TEL
03-3300-2111

アクセス
京王線「仙川駅」徒歩５分

URL
http://www.toho.ac.jp/chuko/

学校説明会
10月17日（土）13：30～
11月21日（土）13：30～

桐朋祭（文化祭）
9月26日（土）12：00～16：00
9月27日（日）9：00～16：00

市《いち》川《かわ》　芽《めい》さん
高校3年生

奥《おく》田《だ》　栞《しおり》さん
高校3年生

高入生の先輩に 桐朋女子のことを聞いてみました！

Q：桐朋女子の学校行事といえば？

奥田さん、市川さん やっぱり体育祭！

奥田さん 学校でよく言われるのですが、桐朋女子の体育祭は運動が得意な人もそうじゃない人も一体になってできるんです。こういう行事は運動が得意じゃないとあまり楽しめないこともあると思います。でも、例えば私たちの学年は綱引きや玉入れにメチャクチャ気持ちを入れていて（桐朋女子の体育祭は学年対抗）、体重を増やしてみたり。だから走るのが得意じゃなくても活躍できる場所がたくさんあるんです。体育祭のために朝練や昼練もするので、1年目は戸惑いました（笑）。

市川さん 私はそれこそ速く走ったりはできないですけど、それでも頑張れる場所があるのですごいなっていつも思います。

Q：桐朋女子を選んだ理由は？

奥田さん 中学まで新体操をやっていて、高校でもできるところを、という視点で初めは選びました。でもそれだけではなくて、体育祭、文化祭を見るとみんなイキイキしていていいなと思ったのも理由です。

市川さん 志望校選びにすごく悩んでいた時期に、知り合いからいい学校と聞いて、実際に説明会に行ってみるとすごく学校の雰囲気が気に入って、桐朋女子を選びました。

Q：桐朋女子のよさはどんなところ？

奥田さん ここには本当に多種多様な人がいて、中学まではあまり話したりしなかったような人とも、行事などを通してかかわる機会があります。そうすると自分が知らないことを知っていたりとか、驚かされることも多くて、人としての幅が広がりました。そんな出会いがあります。

市川さん 奥田さんも言っているように多様な人がいます。私はあまり前に出る性格ではないのですが、周りの人に刺激を受けてこれまでより積極的になれたかなと思います。例えば高1の1学期の一番初めに私の前に座っていた子は芸術に興味があって、その子が監督をして高1の文化祭で映画を撮影したり。そのときは、私も誘ってもらって、これまでと違うことをしてみようという思いがあって出演しました。

Q：受験生のみなさんにメッセージをお願いします。

奥田さん 色々なタイプの人がいるからこそ、自分を隠さずに出せる居場所が必ずあります。これまで会ったことがないような人にたくさん出会える学校です。

市川さん 入学前は女子校のイメージが湧かなくてかまえていたところもありましたが、入ってみると初日から友だちもできました。自然にクラスの輪に入れました。不安もなく、自分のやりたいことを見つけられる場所だと思います。

※このページは43ページから読んでください。

み合わせは、9×8÷2で36通りだった。

だから、8枚のカードのうち、2枚取り出すときの組み合わせは、8×7÷2で28通りだ、わかるね。

さて、ほかに3枚のカードの積が8の倍数になるのは、どういう場合だろうか。それは、2枚が[2]と[4]のときだね。このときは、残り1枚がどんな数でも、3枚の積が8の倍数になる。これには何通りの組み合わせがあるだろうか。

[2][4]以外のカードは[1][3][5][6][7][8][9]だ。だが、気をつけよう。[8]の組み合わせは、いま28通りだと計算したばかりだ。だから[8]は除外する。

そうすると、[1][3][5][6][7][9] の6種類が残る。これで、2枚が[2]と[4]のときの組み合わせは6通りだとわかった。

ほかにあるだろうか。まだあるぞ。2枚が[4]と[6]のときだ。4×6は24。24は8の3倍だ。8の倍数だ。

2枚が[4][6]だと、残りの1枚は[1][2][3][5][7][8][9]だ。そのうち、[8]は計算済みで、除外する。また、[2][4]の組み合わせも計算済みだ。残りの1枚は[1][3][5][7][9]の5つになる。だから、[4][6]との組み合わせは5通りだ。

これら以外に、積が8の倍数になる組み合わせはない。それで、8の倍数になるのは、28＋6＋5で、39通りだとわかる。

結局、3枚のカードの組み合わせは84通りで、積が8の倍数になる組み合わせが39通りだ。その確率は39÷84で、$\frac{13}{28}$。①の答えは$\frac{13}{28}$だ。

どうだろう、まだ頭が痛くなっていないかな。いや、だいぶ疲れたなぁ、という人は小休止するといい………。

さて、再開だ。残るは1問だけ。「ある自然数の2乗」の確率だ。「ある自然数の2乗」って、どうことだろうか。難しく考えることはない。自然数は1、2、3、4…だね。その2乗は1^2、2^2、3^2、4^2…だ。つまりは、1、4、9、16…だ。

この2乗の数を、1～9のうちの3つの自然数の積に分けるという問題だ。これがヒントになる。

2乗は同じ数を掛け合わせるのだが、その積を3つの別々の数の掛け算に変えなさいという問題だ。かなり、難しい。どう考えればいいか、なにも思いつかないかもしれない。

でも、よく考えると、1～9のうちの3つを組み合わせても、2乗の数を作れないものがあるぞ。それを説明しよう。

1～9を分解すると、このようになる。

1＝1×2　2＝1×2　3＝1×3　4＝2×2

5＝1×5　6＝2×3　7＝1×7

8＝2×2×2＝2×4　9＝3×3

これらから、5と7は役に立たないとわかる。2、3、4、6、8、9は組み合わせると、2、3の倍数の2乗を作れるが、5と7はほかに組み合わせることのできる倍数がないからだ。それを理解したうえで、3枚のカードの組み合わせを確認していこう。

$3^2=9$　9は3枚のカードを組み合わせでは作れない。

$4^2=16$　16は作れる。　[1]×[2]×[8]＝16

$6^2=36$　36も作れる。　[1]×[4]×[9]＝36

[2]×[3]×[6]＝36

$8^2=64$　64も作れる。　[2]×[4]×[8]＝64

$12^2=144$　144も作れる。　[2]×[8]×[9]＝144

[3]×[6]×[8]＝144

これ以上は、残念ながら作れない。

以上の6通りの組み合わせで、4、6、8、12の2乗と同じ数を作り出せるのだ。

3枚のカードの組み合わせが84通りあることは、もうわかっている。84通りのうちで6通りだから、その確率は$\frac{6}{84}=\frac{1}{14}$となる。

これで、難問を解き終えた。「一読しただけでは、よくわからなかった」という人は、じっくり腰をすえて読み直してほしい。

※このページは43ページから読んでください。

[1][9]
のなかにしかない。

[1][4]の積は4で、1と4以外に2でも割れるから素数でない。

[1][6]の積は6で、6は2や3でも割れるから素数でない。

[1][8]の積は8で、8は2や4でも割れるから素数でない。

[1][9]の積は9で、9は3でも割れるから素数でない。

積が素数であるのは、[1][2]、[1][3]、[1][5]、[1][7]の4通りだ。

36の組み合わせのうちで4通りだから、確率は$\frac{4}{36}=\frac{1}{9}$

次は②。2の倍数というのは偶数だ。つまり、2で割り切れる数だね。だから、[2]、[4]、[6]、[8]のカードのある組み合わせはすべて積が2の倍数になる。

1枚目が[2]である組み合わせは8通りだ。だから、1枚目が[2]、[4]、[6]、[8]である組み合わせは、8×4で32通りだ。

また、1枚目が[1]で、2枚目が[2]、[4]、[6]、[8]である組み合わせは、4通りだ。

ほかに、1枚目が[3]、[5]、[7]、[9]というのがあるから、4×5で20通りある。

そうすると、[2]、[4]、[6]、[8]の組み合わせは、32+20で52通りだが、[1][2]と[2][1]のような重複があるから、実際は、52通りの半分の26通りだね。

その確率は36のうちの26だから、$\frac{26}{36}=\frac{13}{18}$だね。

じつは、ここまでは「難しい問題」ではない。本題はこれからあとだ。

(2)同時に3枚のカードを取り出すとき，それぞれのカードに書かれた自然数の積が次のようになる確率を求めなさい。

① 8の倍数

② ある自然数の2乗

「同時に3枚のカードを取り出す」と、カードの組み合わせは何通りあるだろうか。まずそれをはっきりさせよう。

1枚目が[1]で、2枚目が[2]のときは、3枚目が[3]～[9]、つまり7通りだ。

同じように、1枚目が[1]で、2枚目が[3]のときは、3枚目が[2]か[4]～[9]、これも7通りだ。

そうすると、1枚目が[1]の場合は、7×8で56通りだ。1枚目が[2]の場合も7×8で56通り。

1枚目は[1]～[9]だから、組み合わせは全部で7×8×9で504通りだ。ただし、3枚が重複することも考えよう。

例えば、

1枚目が[1]で、2枚目が[2]で、3枚目が[3]の場合
1枚目が[1]で、2枚目が[3]で、3枚目が[2]の場合
1枚目が[2]で、2枚目が[1]で、3枚目が[3]の場合
1枚目が[2]で、2枚目が[3]で、3枚目が[1]の場合
1枚目が[3]で、2枚目が[1]で、3枚目が[2]の場合
1枚目が[3]で、2枚目が[2]で、3枚目が[1]の場合

3枚のカードが[1]、[2]、[3]の組み合わせでも、上のように、6通りある。だから、3枚のカードを袋から取り出すとき、実際は504÷6で、異なる組み合わせは84通りなのだ。

さて、①の積が8の倍数になる場合を考えよう。

まず、3枚のカードのうち、1枚が[8]であれば、ほかの2枚がどんな数でも、積は8の倍数になるね。

1枚が[8]で、残り2枚が[1]～[7]、[9]の8種類である場合、組み合わせは何通りあるだろうか。

8種類のカードのうちの2枚の組み合わせは、7×8÷2で、28通りだ。ん？　わからないだって？　それでは、最初に行なった計算を思い出そう。

[1]～[9]の9枚のカードのうち、2枚取り出すときの組

教育評論家 正尾 佐の

高校受験指南書

［百六の巻］

今年出た難しい問題１

数学

Tasuku Masao

今号から「今年出た難しい問題」シリーズを始めよう。もちろん、難関高校を受験する人たちのためだが、できるだけわかりやすく解説するつもりだ。

最初は数学で、立教新座の問題を取り上げよう。

袋の中に，１から９までの自然数が１枚につき１つずつ書かれたカード９枚が入っています。この袋の中から同時に何枚かのカードを取り出すとき，次の問いに答えなさい。

⑴同時に２枚のカードを取り出すとき，それぞれのカードに書かれた自然数の積が次のようになる確率を求めなさい。

① 素数

② ２の倍数

袋のなかに$\boxed{1}$～$\boxed{9}$の９枚のカードがある。その袋に手を突っ込んで、なかからカードを２枚テキトーに取り出す。その２枚のカードの数を掛け合わせた答えが、素数になる場合があったり(①)、２の倍数になったり(②)する場合がある。その確率を計算しなさいという問題だ。

例えば、取り出したのが$\boxed{1}$と$\boxed{9}$だったら、１×９は9だから、素数でもないし、２の倍数でもない。だが、$\boxed{1}$と$\boxed{3}$だったら、１×３は3だから素数だし、$\boxed{1}$と$\boxed{2}$だったら、１×２は2だから、素数であり、２の倍数でもある。

では、そういう素数や２の倍数になるのは、何回袋のなかから２枚を取り出せば起きるのか。それが確率だ。

まず、２枚のカードの組み合わせが何通りあるか、何パターンあるか、考えよう。

取り出した１枚目が$\boxed{1}$であると、$\boxed{1}$と$\boxed{2}$、$\boxed{1}$と$\boxed{3}$というふうに$\boxed{2}$から$\boxed{9}$まで８通りある。

$\boxed{1}\boxed{2}$
$\boxed{1}\boxed{3}$
$\boxed{1}\boxed{4}$
$\boxed{1}\boxed{5}$
$\boxed{1}\boxed{6}$
$\boxed{1}\boxed{7}$
$\boxed{1}\boxed{8}$
$\boxed{1}\boxed{9}$

同じように、取り出した１枚目が$\boxed{2}$なら、$\boxed{2}$と$\boxed{1}$、$\boxed{2}$と$\boxed{3}$というふうに、$\boxed{3}$から$\boxed{9}$までの７通りと、$\boxed{1}$とで、合わせて８通りある。

$\boxed{2}\boxed{1}$
$\boxed{2}\boxed{3}$
$\boxed{2}\boxed{4}$
$\boxed{2}\boxed{5}$
$\boxed{2}\boxed{6}$
$\boxed{2}\boxed{7}$
$\boxed{2}\boxed{8}$
$\boxed{2}\boxed{9}$

このように、$\boxed{1}$から$\boxed{9}$まで各々８通りあるから、全部で９×８＝72で、72通りあることになる。

ただし、$\boxed{1}\boxed{2}$と$\boxed{2}\boxed{1}$は、組み合わせとしては同じだから、実際は、72通りの半分、36通りだ。その36通りのうち、かけると素数になる組み合わせは何通りだろう。

素数は、１で割り切れるし、その数自身で割り切れるが、それ以外の自然数では割り切れない。ということは、$\boxed{1}$とほかのカードの組み合わせにしかない。つまり、

$\boxed{1}\boxed{2}$
$\boxed{1}\boxed{3}$
$\boxed{1}\boxed{4}$
$\boxed{1}\boxed{5}$
$\boxed{1}\boxed{6}$
$\boxed{1}\boxed{7}$
$\boxed{1}\boxed{8}$

グローバルリーダーを育成する3年間

文《ぶん》京《きょう》学《がく》院《いん》大《だい》学《がく》女《じょ》子《し》高等学校

東京の私立女子校として唯一スーパーサイエンスハイスクール（SSH）に指定されている文京学院大学女子高等学校。2015年度（平成27年度）からはスーパーグローバルハイスクール（SGH）アソシエイトにも指定されました。文京学院大女子のグローバルな学びをご紹介します。

今年度よりコース制一新 個性を活かす3つのコース

文京区本駒込、六義園に隣接する落ち着いた環境にキャンパスを持つ、文京学院大学女子高等学校（以下、文京学院大女子）。２０１２年度（平成24年度）に文科省よりスーパーサイエンスハイスクール（ＳＳＨ）に、さらに２０１５年度（平成27年度）にはスーパーグローバルハイスクール（ＳＧＨ）アソシエイトに指定され、特色ある教育内容が注目されている学校です。

また、２０１５年度（平成27年度）からコース制度を一新。国際感覚を育む「国際教養（Global Studies）」、理数教育により女性サイエンティストの育成をめざす「理数キャリア（Science）」、スポーツ科学を学ぶ「スポーツ科学（Sports Science）」の３つのコースが新設されました。広報企画主任の床爪克至先生は、「本校の生徒には、オリジナリティにこそ価値がある、という言葉を意識してほしいと思います。個性を活かし、自分にしかできないことを見つけて磨き、将来社会でグローバル人材として貢献できる人物として育ってほしいと願っています」と新しいコース制の意義について話されました。

そんな文京学院大女子の教育を語るうえで外せない、ＳＳＨとＳＧＨの取り組みについてご紹介します。

ＳＳＨ

東京大・東京理科大をはじめとした大学との連携教育や、タイの姉妹校とのサイエンス交流、放課後に数学の通年講座を実施する科学塾、探究活動に参加するＳＳクラブなどが行われています。カリキュラムでは、高１の自由選択科目として「グローバル環境科学」という授業を設定。科学者でもあるカナダ人のアラン・ニズベット先生が英語で科学を教えるという授業内容は、国際性をそなえた研究者の育成をめざす文京学院大女子ならではの授業です。

ＳＧＨ

各コースでＳＧＨ学校設定科目が用意され、カリキュラムに組み込まれています。また、国際教養コースでは、グローバルスタディーズセミナーという夏期講習とキャリア教育を合わせたプログラムを実施。夏休み中に4日間の日程で行われ、午前中は授業を行い、午後は特別講演の実施や、外務省や読売新聞東京本社などでのアクティビティが用意されています。

このほかにも、特色ある取り組みが多数実施されています。左のページでは、その一部をご紹介しました。自分の得意分野を伸ばし、将来のキャリアへつなげていく文京学院大学女子高等学校です。

文京学院大女子の特色ある取り組み例

放課後の特別英語講座「国際塾」

エッセイライティングやプレゼンテーションなど、ネイティブ講師による多種多様な講座をはじめ、英検やGTECなどの検定対策講座も開かれています。多くの講座では学年によって選択を制限されることがないので、1人ひとりの実力とニーズに合わせて受講できる点も魅力です。

SSH事業としてのタイの姉妹校との教育連携

タイ王国プリンセス・チュラボーン・カレッジ(高校)12校の1つであるペッチャブリー校(PCCP)と教育提携を結び、交流を行っています。2014年(平成26年)には10名の生徒がサイエンス・フェア(研究成果発表会)参加のためタイのPCCPを訪れ、国際交流を体験しました。

NASA元宇宙飛行士ジョン･マクブライト氏特別講演

各界の識者による講演会が実施されるのもSSH、SGH指定校ならでは。5月のNASA元宇宙飛行士のジョン・マクブライト氏による特別講演では、中高合わせて400名の生徒が参加。スペースシャトルや国際宇宙ステーションでの経験や将来の宇宙開発など、貴重なお話を聞く体験となりました。

生徒たちの探究活動がさまざまなコンテストで受賞

SSH教育により培われた高度な理数知識は、生徒たちの探究活動で発揮されます。研究内容は積極的に国内外のコンテストなどを通じて発表し、成果を残しています。3月には、つくば科学コンテストで2つの「奨励賞」、日本水産学会で「銀賞」と「奨励賞」を受賞しました。

【School Information】

文京学院大学女子高等学校　所在地　東京都文京区本駒込6-18-3

アクセス　JR山手線・地下鉄南北線「駒込駅」、JR山手線・都営三田線「巣鴨駅」徒歩5分

TEL　03-3946-5301　URL　http://www.hs.bgu.ac.jp/

【説明会情報】

学校説明会

10月24日 土 14:30～16:30
11月15日 日 10:00～12:00★
11月23日 月 祝 10:00～12:00★
11月28日 土 10:00～16:30☆
12月 6日 日 10:00～16:30☆
12月23日 水 祝 10:00～16:30☆

★は入試解説、☆は個別相談会を実施
(個別相談のみ参加の場合要予約)

学校説明会 イブニングセッション

11月 6日 金 18:30～20:00
12月 4日 金 18:30～20:00

文女祭(学園祭)

9月26日 土 10:00～15:00
9月27日 日 10:00～15:00

オープンキャンパス

9月15日 火 10:00／11:00
9月19日 土 10:00／11:00
10月15日 木 10:00／11:00
10月31日 土 10:00／11:00
11月14日 土 10:00／11:00
11月21日 土 10:00／11:00

国語

東大入試突破への現国の習慣

田中コモンの今月の一言！

「自己弁護」も「自己表現」ですから。言い訳をまずは聞いてあげましょう！

田中《たなか》 利周《としかね》先生

早稲田アカデミー教務企画顧問

東京大学文学部卒。東京大学大学院人文科学研究科修士課程修了。文教委員会委員。現国や日本史などの受験参考書の著作も多数。

グレーゾーンに照準！
今月のオトナの言い回し
「坊主めくり」

「首都直下地震は起こりますよ！」と、危機感をあらわにして筆者に訴えかけられたのは東京大学薬学部のT先生です。先月号でもお伝えした通り、筆者の事務所は本郷東大の正門前にあります。東京大学の先生方が「通学路」として事務所前を毎日通り過ぎていかれます。筆者が所属していた文学部の研究室の先生方（もともと顔見知り）も通られますが、ご縁のなかった理系の先生方だってもちろん通られます。何度もお見かけしているうちに、ひょんなことから「お知り合い」になるケースも多く、T先生もそのお一人です。筆者の事務所のお向いにある八百屋さんでお買い物をされるご縁で知り合いました（笑）。T先生はDMATのメンバーでもいらっしゃいます。Disaster Medical Assistance Team（災害派遣医療チーム）の頭文字をとってDMATと呼ばれている組織で、ドラマにもなりましたので「ディーマット」という呼び方は皆さんも耳にしたことがあるのではないでしょうか。「災害急性期に活動できる機動性を持った、トレーニングを受けた医療チーム」と定義されるDMATです。T先生は「災害発生時における自治体の危機管理体制の構築」を筆者に訴えかけられました。その際に、「首都直下地震は必ず起こる」という話のたとえに出されたのが「坊主めくり」だったのです。

お正月などに「百人一首」を使っておこなうゲームですよね。読み札にかかれた「絵（イラスト）」を用いてプレイするため、和歌（古文）が読めない小学生でもできる遊びになっています。裏返しに積み重ねた札を各自が一枚ずつ取って手もとに置いていくのですが、「坊主」の札を引いたときには手持ちの札をすべて場に出さなくてはならず、「姫」の札を引いたときには場に出ている札を全部自分のものとすることができるというルールです。最終的に手もとの札の数が多いものが勝者となります。誰もが「坊主は出るな！　姫が出ろ！」と念じながら札を引いていくわけですが、念じたところで札の絵柄が変わるわけではなく、運任せのゲームには違いありません。でも盛り上がりますよね！

積み重ねてある札の中に「坊主」の札は入っているのですから、いつかは必ず「坊主」は出てきます。でもそれがいつ現れるかは誰にもわかりません。ゲームはそこが楽しいところなのですが、T先生が首都直下地震のたとえに「坊主めくり」を使った意味は、「すでに我われは毎日札を引いてゲームを進めている状態にある」ということ自体を表現したかったのだと思います。「今日、坊主が出てもおかしくない」という危機感を共有するためのレトリックだったのですね。

この号が皆さんの手元に届く頃というのは、全国で総合防災訓練がおこなわれている時期になります。「どうして毎年9月1日に防災訓練があるのですか?」と教え子に聞かれることもありますが、この日は関東大震災（1923年）が起きた日で、政府が「防災の日」と定めているからですよ。関東大震災といってもピンとこないでしょうか? それどころか皆さんは阪神大震災といってもピンとこないのではないですか? 1995年の1月17日、早朝の神戸を襲ったマグニチュード7・3の大地震です。筆者の出身地は兵庫県で、実家を含めて親戚一同みんな神戸に住んでいました。震災当日、筆者は何をしていたかというと…早稲アカの池袋校で授業をしていました! ホントに。なんと地震があったことも知りませんでした。授業が終わって休憩時間に外で食事をとっているところで、はじめてテレビニュースで見たのです。「あれ? この見覚えのある風景は…おいおい、ここ! 高速道路が倒壊している、この場所! ウチだよ!」と。慌てて校舎に戻り、実家に電話をかけてみたのですが（当時はまだ携帯電話も普及していませんでした）、当然つながらず…途方にくれる筆者は池袋校の校舎責任者であった瀧本先生（現社長でいらっしゃいます）に相談して、急遽「実家に帰らせていただきます」ということで、車を飛ばして神戸に向かったのでした。

あれから20年になるのですか…。早いものですね。被災現場での経験は、その後の筆者の生き方に大きな影響を与えることとなったのですが、その話はまた機会があれば。さて、皆さん! 今現在「坊主めくり」状態であることを、あらためて認識して下さい。東日本大震災を知っているのですから、ピンとこないはずはありませんね。備えあれば憂いなし、ですよ。夏休みを終えて、先ずは机の周りの整理整頓からです。どこに何がおいてあるのかわからない、という状況では困りますから。いざという時に、「勉強道具」を持ち出せるくらいに、準備万端整えておいてください。

慇・懃・無・礼?! 今月のオトナの四字熟語
「自己弁護」

「四の五の言ってないで、さっさと勉強しなさい!」と、お母様の怒号が響き渡ります。集中して学習に取り組まなくてはならない場面で、今日も今日とて、だらだらと過ごしてしまった生徒がいました。「何をやってるの!」と注意されて、素直に謝ればよかったのですが、「集中できない言い訳」を始めてしまい…お母様の怒りの火に油を注いでしまったわけです。勉強しなくてはいけないことは、中学生であれば誰もが理解していることです。にもかかわらず、実行に移せないのはなぜなのでしょうか?

お母様、まずは中学生の「自己弁護」に耳を傾けてみましょう。実行を妨げる様々な要素があると言うわけですから。

第一に「面倒くささ」。いつかやるから、今やらなくてもいいだろうという理屈です。そして第二に、あれこれ自分のことをうるさく言われる「うっとうしさ」。気難しい年頃ですからね。さらに第三には、勉強以外に色々とやらなくてはならないことがあると主張する「忙しさ」もあるのです! お母様には全く納得できない内容だと思いますが、それを無理やり打ち破るがごとく「言い訳しないで勉強しなさい（怒）」と突っ込んだとしても、生徒は反発するだけです。では、どうすればよいのか? 全く逆を心がけてください。自己弁護の内容を、とりあえずは認めるかたちで「勉強することは、面倒くさくも、うっとうしくもないんだよ。忙しい時間を削られることもないからね!」と、〈北風〉ではなく〈太陽〉のアプローチをすることなのです。

「そんな甘いことを…」とおっしゃらずに。とにかくほんの少しでも「勉強する」という気持ちを点火させることが、何よりも重要なのですから。その後は「続ける」ためのモチベーションです。「なぜ自分は勉強するのか?」という理由。「何のために勉強するのか?」という目的です。この点を難しく考えないでください。要は「○○をしたい!」「○○になりたい!」といった希望なのですから。くじけそうになっても心の支えとなり、力をふりしぼって勉強を続けられるように。目の前にぶら下がったニンジンを用意するのです。その内容は、俗っぽければ俗っぽいほど、他愛なければ他愛ないほど、効果があります。そして、ここにこそ家族の関わるポイントがあるのです。その生徒が勉強しようとしまいと、世間の誰が気にかけるでしょう? 家族だけですよ! たかがテストの点数に一喜一憂してくれるのは。「国語の点数が、何も勉強しなくても、ちょっと上がった」なんていうのは絶好のチャンスです。ここで「すごい!」と言えるかどうか。自己弁護も認めたのですから、これくらいどうってことないでしょ（笑）。家族からの「尊敬の眼差し」を、生徒は待ちわびているということを、ぜひ忘れないでいてくださいませ、お母様。

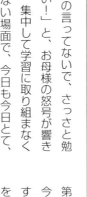

ちます。

① 図アにおいて、

△ABD：△ACD＝BD：CD

2つの三角形は、頂点Aが共通ですから、高さが等しいため、面積は底辺BD、CDの長さに比例することになります。

【図ア】

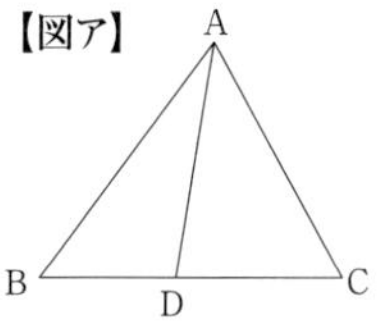

【図イ】

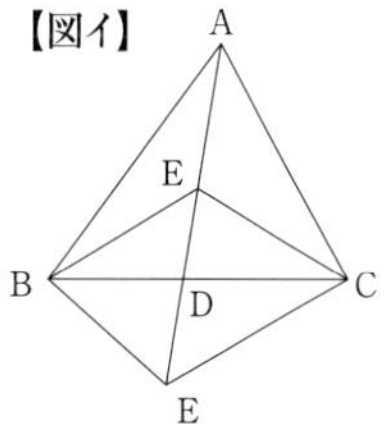

② 図イにおいて、

△ABE：△ACE＝BD：CD(点Eは直線AD上の点)

図ウのように頂点B、CからADに垂線を引き、交点をそれぞれH、Iとすると、△BHD∽△CIDより、BH：CI＝BD：CD …(＊)

【図ウ】

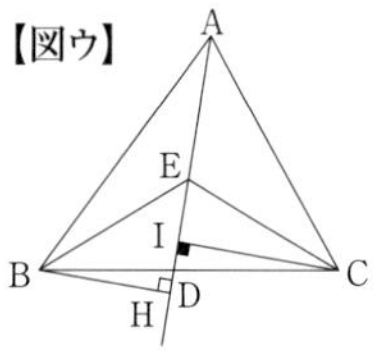

△ABEと△ACEにおいて、底辺AEが共通だから、面積は高さBH、CIに比例するので、(＊)より△ABE：△ACE＝BD：CDが成り立ちます。

<解き方>

頂点Cと点Fを結ぶと、

△FAB：△FCA＝BD：DC＝1：1 ……㋐

△FAB：△FBC＝AE：EC＝2：3 ……㋑

㋐、㋑より、△FAB：△FBC：△FCA＝2：3：2

これより、△FBC＝$\frac{3}{7}$△ABC

よって、△BDF＝$\frac{1}{2}$△FBC＝$\frac{3}{14}$△ABCより、**$\frac{3}{14}$倍**

次のような、平行四辺形と線分比・面積比に関するものもよく出題されます。

問題3

次の図のように，面積が80㎠の平行四辺形ABCDがある。辺BCを2：1に分ける点をE，線分AEとBDの交点をFとする。このとき，次の問いに答えなさい。

(1) △DEFの面積を求めなさい。

(2) 辺CD上に点Pをとり，線分APとBDの交点をQとする。△AFQの面積が9㎠であるとき，CP：PDを最も簡単な整数の比で表しなさい。(市川・前期)

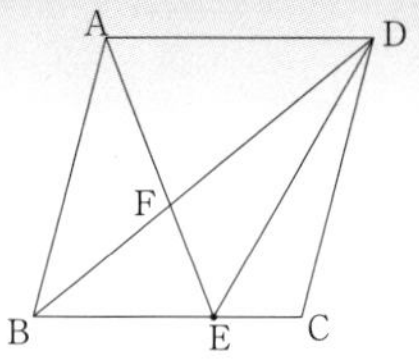

<考え方>

AD // BEより、△ADF∽△EBFが成り立ち、そこから、線分比・面積比の関係を利用して面積を求めていきます。

<解き方>

(1) △DAF：△DEF＝AF：EF ……㋐

△ADF∽△EBFだから、

AF：EF＝AD：EB＝BC：EB＝(2＋1)：2＝3：2 ……㋑

㋐、㋑より、△DAF：△DEF＝3：2

よって、△DEF＝$\frac{2}{5}$△ADE＝$\frac{2}{5}\times\frac{1}{2}\times 80 =$ **16(㎠)**

(2) AD // BEより、△ABF＝△DEF＝16(㎠)

よって、△ABQ＝16＋9＝25(㎠)

△ABD＝$\frac{1}{2}\times 80 = 40$(㎠)、△ABQ∽△PDQより、

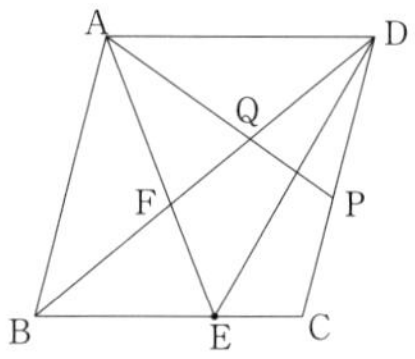

AB：PD＝BQ：DQ＝△ABQ：△ADQ＝25：(40－25)＝5：3

AB＝DCだから、CP：PD＝(5－3)：3＝**2：3**

問題2、3のような、線分の長さの比と面積の比の関係を使って問題を解くためには、比の扱い方にも慣れておく必要があります。さらに、相似の利用は、三平方の定理とともに、線分の長さ、図形の面積や体積を求めていく場合に、必要不可欠な考え方です。また、関数や円との融合問題も多く出題されますので、まずは基本をしっかり身につけたうえで、多くの問題にあたって、色々な解法のパターンを知っていくことがとても大切です。

数学

楽しみmath 数学！DX

線分の長さ、図形の面積・体積を求めるのに不可欠な相似の考え方

登木 隆司先生
早稲田アカデミー 城北ブロック ブロック長
兼 池袋校校長

今月は、図形の相似について学習していきましょう。はじめに、相似の証明と相似を利用して辺の長さを求める問題です。

問題１

右の図の三角形ABCにおいて，点Dは辺AB上の点であり，AB＝AC，AD＝CD＝CBである。

(1) 三角形ABCと三角形CBDが相似であることを証明しなさい。（群馬県・改題）

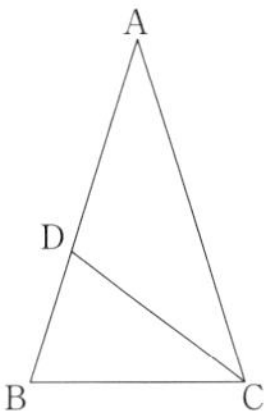

＜考え方＞

(1) ２つの三角形は、次の条件を満たすとき相似になります。

① ３組の辺の比がすべて等しい
② ２組の辺の比とその間の角がそれぞれ等しい
③ ２組の角がそれぞれ等しい

＜解き方＞

(1)(証明)

△ABCと△CBDにおいて
∠Bは共通　……①
△ABCはAB＝ACの二等辺三角形で、その底角は等しいから
∠ABC＝∠ACB　……②
△CBDはCB＝CDの二等辺三角形で、その底角は等しいから
∠CBD＝∠CDB　……③
②、③より、∠ACB＝∠CDB　……④
①、④より、２組の角がそれぞれ等しいから、△ABC∽△CBD

続いては、三角形の線分の長さの比と面積の比に関する問題です。

問題２

右の図で，点Dは△ABCの辺BCの中点，点Eは辺AC上にある点でAE：EC＝２：３である。

頂点Aと点D，頂点Bと点Eをそれぞれ結び，線分ADと線分BEとの交点をFとする。

△BDFの面積は△ABCの面積の何倍か。

（都立・新宿）

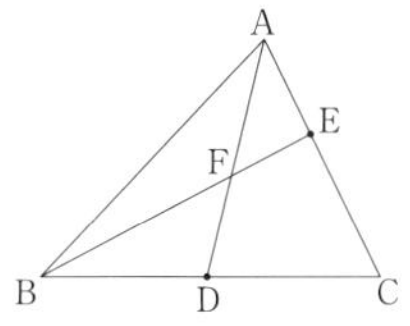

＜考え方＞

線分比と面積比については、次の関係が成り立

2015年度 MJは変わります

将来の目標に応じたコースをさらにわかりやすく、パワーアップしました!

新設4コース制

総合進学コース

**武蔵野大学を中心に
多様な進路に対応**

大学進学を前提にしながら、学習・クラブ活動・委員会活動・学校行事などに積極的に打ち込み、学校生活をのびのび楽しみたい人のためのコースです。併設する武蔵野大学への優先入学制度や優遇措置が利用できる他、他大学の一般入試・推薦入試・AO入試にも幅広く対応した受験指導を行っていきます。

国際交流コース

**1年間の留学が必修。
語学力・発信力で国際人を育成**

高校2年生の夏から3年生まで1年間の長期留学が必修となり、留学中の学習も単位が認められて高校3年間で卒業することができます。学校設定科目講座では日本人としての自覚を育て、異文化理解の精神とコミュニケーション力を養い、留学中には人間力を身につけて、語学系・国際系大学・学部への進学をめざします。

選抜文系コース

**国公立大学・難関私立大学への
進学をめざす**

人文・社会科学の両分野を深く学びたいという意欲を持つ人のためのコースです。国語・英語・社会の時間数を増やした特別カリキュラムを編成。7時間授業や放課後講習、長期休暇中には特別講習を実施して基礎を徹底して実践力を磨き、国公立・難関私立大学文系学部に合格できる学力を養います。

薬学理系コース

**医歯薬・理工系大学、
武蔵野大学薬学部をめざす**

人気の薬学部をはじめ、医学部や看護学部、獣医学部、理工学部など理系のスペシャリストをめざす仲間と一緒に、とことん理系の道を突き進みたい人に最適な理系選抜コースです。理科と数学に特化したカリキュラム編成で、高度な実験にも挑戦。大学に進学してからも困らない本物の学力を身につけていきます。

**武蔵野大学(薬・看護・教育・法・経済・文・人間科学・工学・グローバル)との
併願優遇制度を利用して、ワンランク上の進路実現へ**

2015年度 高等学校説明会日程

MJ学校説明会　各回14:00～

10月24日(土)　11月7日(土)
11月21日(土)　12月5日(土)

MJ個別相談会　各回10:00～　要予約

10月31日(土)　11月14日(土)
11月21日(土)　11月28日(土)
12月19日(土)

MJクラブ体験　要予約

10月17日(土) 13:30～

樹華祭

体育祭　9月26日(土)　9:00～15:00

文化祭　10月10日(土) 11:00～16:00
10月11日(日) 10:00～16:00

◎**学校相談随時受付**　事前にお電話にてお申し込みください。

自分のままで、自分を伸ばす。

MJ

武蔵野女子学院高等学校

■総合進学コース ■薬学理系コース ■国際交流コース■選抜文系コース

〒202-8585 東京都西東京市新町1-1-20　TEL 042-468-3256・3377(入試相談室直通)

http://www.mj-net.ed.jp/

英語で話そう！

朝がちょっぴり苦手な中学３年生のサマンサは、父（マイケル）と母（ローズ）、弟（ダニエル）との４人家族。

教室で、日本からやって来た田中先生に、サマンサとリリーが質問しています。

川村 宏一先生
早稲田アカデミー　教務部中学課
上席専門職

Lily　：How long will you stay in the United States ?
リリー：先生はどれくらいアメリカにいる予定ですか？

Ms. Tanaka：Well, for about three years.
田中先生　：そうですね、３年間ほどです。

Samantha：I hear to write Japanese kanji is very difficult. …①
Is it true ?
サマンサ　：日本語の漢字を書くのはとても難しいと聞いています。
本当ですか？

Ms. Tanaka：Yes. I think so. …②
But if you study Japanese every day, you will be able to learn it. …③
田中先生　：はい。そうだと思います。
でも、もしあなたたちが日本語を毎日勉強すれば、身につけられると思いますよ。

今回学習するフレーズ

解説①　I(We) hear ～	「～とうわさに聞いている／～だそうだ」 (ex) I hear he passed the exam. 「彼は試験に受かったと聞いています」
解説②　so	「そのように／そう」 (ex) I don't think so. 「私はそうは思いません」
解説③　If ～	「もし～ならば」(条件を表す) (ex) If it rains tomorrow, I'll stay at home. 「もし明日雨が降れば、私は家にいます」

開智高等学校

進学実績を支える開智メソッド【授業＋独習＋サポート】

毎年、高水準の大学合格実績を重ねている開智高校。今回は、その裏づけとなっている「高い教育力」の秘密に迫ります。

正規の授業、特別講座、講習をリンクさせた徹底した受験サポート

「高品質な授業と、その効果を最大限に生かす特別講座と講習会」

《授業》

開智高校では、大学受験指導に精通した教師集団による、質の高い授業が毎日行われています。各単元の基礎的な知識や考え方の習得から、それらを自ら使いこなして考えていけるようになるまで、少しずつ、着実に生徒達のレベルアップを図っています。

基礎となる学習部分では、先生からの説明が中心となる授業が行われるとともに、徹底した反復学習が行われます。その段階を終えると「学びあい」の段階に入ります。「学びあい」とは、先生からの話を聞くだけでなく、自ら課題や疑問点を発見し、それらを仲間とともに学ぶことで、より深い理解を目指す学習スタイルです。生徒達は「学びあい」を通して、自分自身で調べ、思考し、発信するという一連の学習姿勢を獲得していきます。主体的な学び体験を通じて、それまで自分の「外」にあったものを「内」に取り込むことができるようになるのです。

このような主体性を持った生徒と、卓越した指導力を持った教師集団によって毎日の授業が作り出されています。

《特別講座》

この授業の学習効果をさらに深めているのが、放課後に実施されている特別講座（通称「特講」）です。

1・2年生の時には月曜日と木曜日に2時間ずつ、3年生になると月曜日から土曜日まで毎日3時間ずつの講座が実施されています。例えば3年生対象の東大受験対策講座は、

【月曜日】現代文、日本史、世界史
【火曜日】数学【水曜日】英語
【木曜日】古典【金曜日】数学、現代文
【土曜日】物理、化学

といった講座が設置されています。生徒は自分が必要とする講座を選択して受講します。これらの特講は授業を担当している教師が担当している点が最大のメリットです。授業と完全にリンクした内容となっているため、生徒の理解度に応じて内容を精選できるだけでなく、授業で扱った教材との重複を完全に避けることができます。学習効果が極めて高いので、ほぼ全ての生徒が特講に参加しています。

また、この特講は、3年生の講座については多くの入試問題を取り上げるため、教材費として５００円が必要になりますが、受講料は全学年とも無料です。これも開智の特講の魅力となっています。

《講習会》

講習会として夏期講習、冬期講習、直前講習および春期講習が準備されています。例えば夏期講習については、1ターム5日間で夏休み期間中に第1期から第

6期までの全6タームが設定されています。

1・2年生対象には第1期、第6期の10日間の講習が、3年生対象には全期間30日間の講習が行われます。一日あたり1・2年生には3～4時間、3年生には6～8時間の授業が組まれています。また、1・2年生については第1期講習の後に3泊4日の勉強合宿も実施されます。

また直前講習は3年生だけに行われる講習会で、センター試験対策講座、国立2次対策講座、私大対策講座など、入試パターンに合わせた講座が実施されます。

夏期講習、冬期講習、春期講習は1時間あたり360円で受講できるようになっています。直前講習については全て無料で受講できます。

「『わかったつもり』を徹底的に排除する」

《独習》

開智高校の教師はいろいろな意味で「授業がうまい」ため、かなりの難問であっても授業中には理解することができます。しかし大切なのはここから先です。自分独りでその問題を解きなおしたときにきちんと再現することができるか、この「再現性」こそが実力として身についた部分であるからです。そのためにはまずは「独りで」自分自身と向き合う作業が必要になります。これを開智では「独習」と呼んでいます。

そのための時間と場所を開智ではふんだんに準備しています。早朝、昼休み、放課後はもちろん、休日も落ち着いた環境（個人ブース形式）で独習できる《独習室》が約250席準備されています。平日は、1・2年生は夜7時まで、3年生は夜9時まで利用することができ、休日は朝9時から午後5時まで利用することができます。

また校舎内には《独習室》とは別に仲間と一緒に勉強したり、先生に質問したりするための場所として《学びあいスペース》が何箇所も設けられています。それらには丸テーブルがたくさん置かれており、合計で約300席になります。

静かに自分と向き合う《独習》と、仲間とともに高めあう《学びあい》とを目的に応じて使い分けられるようになっています。

「勉強のこと、進路のこと、部活動のこと…　何でも気軽に相談できる先生」

授業と独習の両輪で進めていく開智での学習ですが、それをより効果的にするのが「サポート」です。

開智の職員室は、そのものが生徒の通行場所になっています。廊下の一部が広くなっていて、そこに職員室があるといった状態です。また職員室内にも生徒達の《学びあいスペース》が40席以上設けられています。これらにより、勉強についての質問だけでなく、さまざまな相談を先生にしやすい環境が開智にはあります。このハードルの低さが、生徒に対するサポートの高さになっています。わからないことは明日に持ち越さないこと。ひとりで悩みを抱え込まないこと。開智の教師は全力で生徒のみなさんをサポートしていきます。

KAICHI

開智高等学校

高等部（共学）

〒339-0004
さいたま市岩槻区徳力西186
TEL 048−794−4599（企画広報室）
http://www.kaichigakuen.ed.jp/
東武アーバンパークライン（東武野田線）東岩槻駅（大宮より15分）徒歩15分

■入試説明会（90分）・個別相談会（約15分）

日程	入試説明会		個別相談会
9月26日(土)	10：00～		10：00～16：30
10月24日(土)	10：00～	13：30～	
11月21日(土)		13：30～	
11月22日(日)	10：00～	13：30～	
12月19日(土)	10：00～		

※個別相談会のみ９月以降ＨＰにて予約が必要です。

みんなの数学広場

TEXT BY かずはじめ

数学を子どもたちに、楽しく、わかりやすく、使ってもらえるように日夜研究している。好きな言葉は、”笑う門には福来る”。

A
B
C
A
B
C
A
B
C

初級～上級までの各問題に生徒たちが答えています。
どの生徒が正しい答えを言っているか当ててみよう。
もちろん、当てずっぽうじゃなく、実際に問題を解いてみてね。

問題編

答えは次のページ

上級

江戸時代の算術書『塵劫《じんこう》記《き》』の著者である吉田光由《みつよし》。彼の父の職業は？

A
答えは･･･
数学の先生
やっぱりそうじゃない？
B
答えは･･･
蘭学者
江戸時代といえば！
C
答えは･･･
医者
偉い人だと思う。

中級

26歳の男性が８歳の少女にひとめぼれしました。 親に結婚を申し込みますが、あまりに若すぎるということで、少女の年齢がその男性の年齢の半分になったら結婚を許してもらえることになりました。 それぞれ何歳のときでしょう？　という、この問題は何算と言うでしょうか？

A
答えは・・・
嫁入り算？
B
答えは・・・
男30歳、
女15歳婚約算
C
答えは・・・
男36歳、
女18歳

初級

999羽のカラスが999の浜で999回鳴いたとすると全部で何回鳴いたことになるでしょうか？

A
答えは・・・
998001回
筆算したよ。
B
答えは・・・
997002999回
電卓で計算したから
間違いない！
C
答えは・・・
996005996001回
ポケットコンピューターで計算したよ。

みんなの数学広場 解答編

上級

正解は C

吉田家は代々医業を本業としていましたが、副業として金融業や土木事業を行っていました。

なんと、吉田光由の祖父、父、兄はみんな医者だったんです。

どうして光由は医者にならなかったのかなあ ???

A ×

ひねりがなさすぎるね。

B ×

歴史についてはよく勉強しているね。

C 正解

中級

正解は **A**

これは、吉田光由の『塵劫記』に「嫁入り算」として記述されている問題です。確かに、10年後の男が36歳で女が18歳が嫁入り算の答えですが、今回の問題では、“という、この問題は何算というでしょうか？” なので、「嫁入り算」だけでオッケーです。

A 正解

B ×

計算も間違っているよ…。

C ×

問題をよく読もう！

初級

正解は **B**

シンプルに999×999×999です。でも、すごいですよね。9億9700万2999回ですからね。

これは「からす算」と言います。吉田光由の『塵劫記』に「からすざんと云事」として記述されている問題です。

A ×

これは 999 × 999。
ケアレスミスだね。

B 正解

C ×

3 回かけちゃった。
やりすぎだ！

宝仙学園高等学校共学部『理数インター』

現代社会と世界に通じる教育

新しい学校だからこそできる、世界に羽ばたく理数インター

3期生大学合格結果 3年連続GMARCH合格者数が卒業生数以上に!!

9年前に開設された学校のため、卒業生もまだ3回しか出していません。1・2期生と、GMARCH合格者数が卒業生数以上になり話題を呼びましたが、3期生は1・2期生以上に素晴らしい実績を出しました。医学部7名、国公立28名（一橋を含む）早慶上理・ICU62名、GMARCH82名、合計178名（現役160名／卒業生122名）という結果は、理数インターの生徒たちと教員たちとの信頼感の証ではないでしょうか。

宝仙学園高等学校共学部理数インター（以下、理数インター）の教育では『世界に通じる教育』『現代社会が求める教育』『人として求められる教育』の3つを常に意識しています。『世界に通じる教育』そして『現代社会が求める教育』の分野では、「プレゼンテーション能力の育成」と「コミュニケーション能力の育成」を掲げています。その前提となるのが「理数的思考力」であり、校名の「理数インター」の語源ともなっています。

以前は理数インターというと理系の学校と間違われることもありましたが、最近はそのような質問もめっきりなくなり、国公立を目指す進学校のイメージが定着しています。

プレゼンテーション能力

多くの高校が英語のスピーチコンテストを行いますが、理数インターでは敢えて「プレゼンテーション」にしています。単なる暗唱ではない、使える英語としての発表の機会でもあるからです。中学生ならば身近な話題が中心となるのでしょうが、高校生ともなると社会問題に迫る内容のものを発表しています。大人であれば見逃しそうな問題を、高校生の視点で発表していく内容には目を見張るものがあります。

その基本になる「総合探究」という時間が理数インターにはあり、プレゼンテーション能力を育むための授業があります。高校入学の4月から自分が興味を持ったことを基に、疑問⇒仮説⇒検証⇒考察⇒発表と、段階を踏んで研究とともにプレゼンテーション能力を磨いていきます。そして高校2年生で行うアメリカのスタンフォード大学でのミニ留学（修学旅行）につなげていきます。

スタンフォード大学でのプレゼン体験と自然体験

スタンフォード大学は、世界トップクラスの大学であり、その教育の質はつとに有名です。その大学の先生や学生を前にして、英語によるプレゼンテーションを行います。当然、英語での質問を受けるので、それは容易なことではありません。自分の発表が世界に通用するのか、英語力は…、果たして英語が通じるということはどういうことなのか、観光やツアーとは異なる、初めて体験する第一線の『世界』を前にして、生徒たちは成長していきます。

スタンフォード大でのプレゼンテーションの後は、2泊のカリフォルニア州・ヨセミテ国立公園の旅です。サンフランシスコの奥にあるヨセミテは、観光コースから外れがちな場所です。大人になってからもなかなか行ける場所ではありません。実際に歩いて『湿度がないから日差しは強いけれど、爽やかだね』といった皮膚感覚を感じてもらえる旅を作っています。そこで気づくアメリカの人たちの食文化への影響など、聞いたことはあっても実感するとまた理解の深まりが異なります。

事前リサーチや旅行会社と交渉、事後の教員内での総括にも力をいれています。前の年の総括を反映させるので、旅行の内容が毎年変わります。『一生に一度しかない旅。それだったら、どんな旅にしてあげたいのか？』を教員側も真剣に討論します。

高校修学旅行

スタンフォード大学でのプレゼン

異文化体験

ヨセミテ国立公園

写真の生徒たちの表情は、どれも伸びやかです。規律や規制でしばるのではなく、本気で自分たちのことを考えてくれる教員のバックアップ体制があるからこそ、生徒たちは安心して自分自身にピントを合わせた「大人の旅」ができるのだと思います。

★理数インターの学校生活

理数インターの授業は、学校の授業で大学受験まで対応できる内容です。しかし8時間目・9時間目まである学校とも異なります。高校からの入学生には、中学生からのクラスとは別クラスが高校の1年間は設定されます。従って、中学から高校に入るクラスと、高校から入ってくるクラスがありますので、既に人間関係が出来上がっている中に入るわけではありません。

一方で、私立中学で育った人たちがどのような学習・生活をして来たのかということを横で見ることができるのも、高校入学クラスが編成される学校の魅力の1つです。

高校2年生からは国立理系・国立文系・私立理系・私立文系といった系統別でクラス編成がされます。高校2年生からの授業は原則6時間目で終わります。習ったことをしっかりと自分のものにするための自学自習時間を確保するためです。自習室で学習する生徒や、教室で学習する生徒、先生に質問に行く生徒が見受けられます。授業がない時間を有効に活用できる雰囲気が学校にあるからこそ、冒頭のような実績が出せるのでしょう。

理数インターでは、理数的思考力に基づき、部活・学校行事に対しても時間を大切にしながら活動しています。学習との両立を図るために平日の部活は週3日までとしており、その時間内でどれだけ結果が出せるかが勝負となります。言われた練習ではなかなか結果は出せません。そこで自分たちで練習の内容や時間を考えながら、その進歩が見える取り組みを行っているのも理数インターの部活の特色の1つかもしれません。また、行事の体育祭や文化祭・合唱祭についても、だらだらした準備でないからこそ、質の高さが求められます。一日一日を大切にする3年間が理数インターにはあります。

宝仙学園中学・高等学校共学部
理数インター

★説明会
9月26日(土)14:30～16:00
10月17日(土)14:30～16:00
11月28日(土)14:30～16:00
12月 5日(土)14:30～16:00

★入試体験会
11月29日(日)13:30～17:00入試体験会
12月20日(日) 8:45～12:10入試体験解説会

★文化祭(宝仙祭)
10月24日(土)・25日(日)10:00～15:00

〒164-8628 東京都中野区中央2-28-3
Tel.03-3371-7109

ハンドボールに携わる仕事に就きたいです

東京学芸大学

教育学部
国際理解教育課程4年
山本《やまもと》 香澄《かすみ》さん

教育現場のいまを知る貴重な講義の数々

—東京学芸大の仕組みを教えてください。

「東京学芸大には学部が教育学部しかありません。教育学部のなかに、初等教育教員養成課程や中等教育教員養成課程などの教育系の課程と、国際理解教育課程や人間社会科学課程などの教養系の課程があります。それぞれの課程はＡ類やＫ類など、『○類』と呼ばれています。

　教育系は教員免許の取得が必須、一方、教養系は必須ではないのが大きな違いで、卒業後の進路も一般企業や官公庁など幅広いです。私は教養系に所属していますが、英語の教員免許を取得したいので、そのための講義も受けています。」

—どんな講義を受けていますか。

「東京学芸大のＯＢで、現在、校長先生やスクールカウンセラーとして教育現場で働く方々が登壇して、色々な話をしてくださる講義があります。学校でいまどんなことが問題になっているのかなど、教育現場のリアルを知れるので勉強になります。

　これまで受けてきた講義のなかで好きだったのは『アメリカ文学Ⅱ』

中高時代の勉強

苦手な国語を克服

　国語、とくに読解問題が苦手でした。しかし、先生にマンツーマンで教えてもらったり、自分に合った参考書に出会ったことで、苦手が少しずつ克服できました。

　工夫した勉強法で覚えているのは、文章中に接続詞が出てきたら、「だから」などの順接には△、「しかし」などの逆説には▽、というようにあらかじめ決めておいたマークをつけるようにしたことです。そうするとただ文字が並んでいる状態から、文の構造がひと目でわかるようになるので、解くスピードがあがります。Ｂｕｔには▽、というように、これは英語でも活用できますよ。

両立のコツは朝型

　とくに高校時代は部活動で忙しく、朝練もあり、放課後も19時ごろまで練習という生活でした。それでも勉強は頑張りたかったので、朝5時半に起床、6時半ごろまで勉強してから朝練に行っていました。その時間は前日解いた問題で間違えた部分をチェックし直すようにしていました。

　夜更かしをすると翌日起きるのがつらいのでそのようなスタイルを実践していたのですが、時間をおいてからその部分がきちんとできるようになったかの確認ができて、結果的

東京学芸大ハンドボール部の練習風景

留学中にも地域のハンドボールチームに所属していました

です。英語の短編集をもとにディスカッションをする講義で、各回のファシリテーター（進行役）は交代で務めます。作者のバックグラウンドや、当時の時代背景などもふまえながら、自由に討論するので楽しかったです。

　教員免許を取得するための講義としては、模擬授業を行う講義があります。自分は先生役で、自分以外の学生は生徒役になります。『過去完了形』について学習するなど、テーマはあらかじめ決まっていますが、授業をどう進めていくかは自分で考えます。例えば生徒がプリントを予習してきている設定で、プリントの答え合わせから授業を始める、という感じです。

　また、教員免許を取得するとなると、東京学芸大では3・4年次に1回ずつ実習に行かなければなりません。私も、9月には2回目の実習を石川県の母校の高校で3週間行います。実習1週目には文化祭があり、その準備にも参加できるのでいまからワクワクします。」

――部活動や留学について教えてください。

「部活動は東京学芸大のハンドボール部に入っていました。春と秋にリーグ戦があり、リーグ戦が始まる2カ月前くらいから練習が週5日になり、それ以外は週3日くらいの練習です。部員が少ないので、これを読んでいるみなさんのなかにハンドボールに興味がある人がいたらぜひ入ってきてほしいですね。

　また、3年次にはドイツに約1年間留学しました。英語が母語の国に行くよりも、第2言語としてどういうふうに教えられているのか見た方がおもしろいと思ったんです。現地では学生寮に住みながら、ドイツ語を学ぶために大学附属の語学学校に通い、大学では英語の授業などを履修していました。後期からは日本のナショナリズムについて論じるゼミを聴講に行ったりもしました。」

――今後の目標はありますか。

「中・高・大とずっとハンドボールをやっていたので、指導者としてハンドボールにかかわっていきたいと思い、教育系の大学として有名な東京学芸大に入学しました。

　しかしいまは、マイナー競技と思われているハンドボール業界を取り巻く現状をビジネス面から変えていきたいと思い、スポーツメーカーや広告代理店などを中心に就職活動に励んでいます。」

大学生活エトセトラ

に効率よく勉強できたと思います。

学校施設が新しく！

　大学内の施設がどんどん新しくなっています。私の在学中にも食堂、図書館、トイレなどがリニューアルしました。トラックも土からターンになりましたし、人工芝のきれいなグラウンドもあります。まだ決定ではないですが、体育館が新しくなるという噂もあるんですよ。

受験生へのメッセージ

立ち止まらないことが大切

　気分が乗らないときはつい勉強を休みたくなってしまいますが、少しずつでもいいので、毎日継続して勉強することが大切だと思います。まったくやらずに休んでしまうと、あとからしわ寄せが来てしまいます。毎日単語だけは15分間必ずやるなど、やらなければ気持ち悪いと感じるくらいそれを習慣化してしまうのがおすすめです。

　また、いっしょに頑張る人を見つけるのもいいと思います。1人だとモチベーションが下がってしまうときも、頑張っている友だちを見ると自分もやる気が出てきます。私も勉強場所を変えたりしながらよく友だちといっしょに勉強していました。

　なにかを頑張ったという経験は、その先の人生で必ずプラスになるので、頑張って勉強してくださいね。

Bungou Retsuden

古今文豪列伝

第11回

尾《お》崎《ざき》紅《こう》葉《よう》

Koyo Ozaki

尾崎紅葉は本名、徳太郎、1868年1月（慶応3年12月）、江戸・芝（現東京・浜松町）に職人の子として生まれた。明治維新の年だね。5歳のときに母と死別、母方の祖父母の家で育てられたんだ。府立中学（現東京都立日比谷高）に1期生として入学、同級生に幸田露伴《こうだろはん》がいた。

中学を中退し、漢学を私塾で、英語を三田英学校で学び、1883年（明治16年）、大学予備門（のちの旧制一高、現東京大教養学部）に入学。入学後は文学への関心を深め、2年後、山田美《び》妙《みょう》、石橋思案《しあん》らと硯友社《けんゆうしゃ》を設立、回覧雑誌『我楽多文庫《がらくたぶんこ》』を発刊した。

硯友社は当時の欧化主義に反対し、江戸趣味の近代写実主義を文学の中心にすえたんだ。その後、明治文壇の主流になっていく。

1889年（明治22年）、東京大国文科を中退、『二人比丘尼色懺悔《ににんびくにいろざんげ》』を発表、文壇での地位を確立した。

文体としては「である」を基調とした言文一致体を採用。『二人女房』『三人妻』などを発表、写実主義の円熟を示し、幸田露伴とともに、この時期、『紅露時代』ともいわれた。

江戸時代の俳人、井原西鶴に傾倒するとともに、『源氏物語』に関心を示し、その影響を受けて1896年（明治29年）、『多情多恨』を発表し、心理描写の深化を示したとされる。

この勢いを得て、翌1897年から読売新聞に発表したのが、長編の『金《こん》色夜叉《じきやしゃ》』だ。

日清戦争後の世相を背景に、台頭してきた富裕階級や官僚の世界と男女の愛情を描いた作品だ。

この作品は発表直後から評判を呼び、紅葉は人気作家となった。しかし、病弱であったこともあって、連載は何回も断絶した。

紅葉は、伊豆や栃木県塩原温泉などで療養したが、1899年（明治32年）3月、胃がんと診断され、10月に亡くなったんだ。35歳だった。

このため、『金色夜叉』は未完に終わったんだけど、作品としてのスケールは大きく、文体も華麗で、連載中から脚色されて劇場で上演されたりもした。

主人公の貫一がお宮に向かって言う「来年の今月今夜のこの月をおれの涙で曇らせてやる」は長く流行語になったんだ。

弟子として徳田秋声《とくだしゅうせい》、泉鏡花《いずみきょうか》らを育てた功績も大きいね。

今月の名作　～尾崎紅葉　『金色夜叉《こんじきやしゃ》』～

『金色夜叉』
750円＋税
新潮文庫

高等中学の生徒の間貫一にはお宮というフィアンセがいたが、お宮は貫一を裏切って大金持ちと結婚してしまう。激怒した貫一はお宮を見返してやろうと高利貸しになる。だが、お宮の結婚は決して幸せなものではなかった。

学校説明会	本郷祭
10月17日(土)14:00 11月14日(土)14:00 12月 5日(土)14:00 施設見学可能 ※12月5日は入試問題傾向の解説を実施	9月19日(土)10:00~16:30 9月20日(日) 9:00~16:00

親子見学会 ※要予約
12月23日(水祝)
①10:30 ②14:00

本郷高等学校
HONGO SENIOR HIGH SCHOOL

Address:東京都豊島区駒込4-11-1 TEL:03-3917-1456
Access:JR山手線・都営三田線「巣鴨駅」徒歩3分、JR山手線・地下鉄南北線「駒込駅」徒歩7分 URL:http://www.hongo.ed.jp/wp/

自ら選んだ道を実現させる3つの教育方針

自学自習

校内には、2つの自学自習スペースがあります。私語厳禁の「自習室」は、集中して勉強に取り組める環境。一方、「ラーニング・コモンズ」は、ミーティングやグループワークなど、さまざまな用途に使えます。生徒自身が目的に合わせた活用法を編みだし、能動的な学習スタイルを展開できる空間です。

また、本郷オリジナルの検定試験「数学基礎学力検定試験」では、自ら目標を設定して学ぶ力を身につけます。特徴は、過去10年ほどの実績データがあり、志望大学に合わせた目標設定がしやすいところ。到達度を把握するのにも役立てられます。

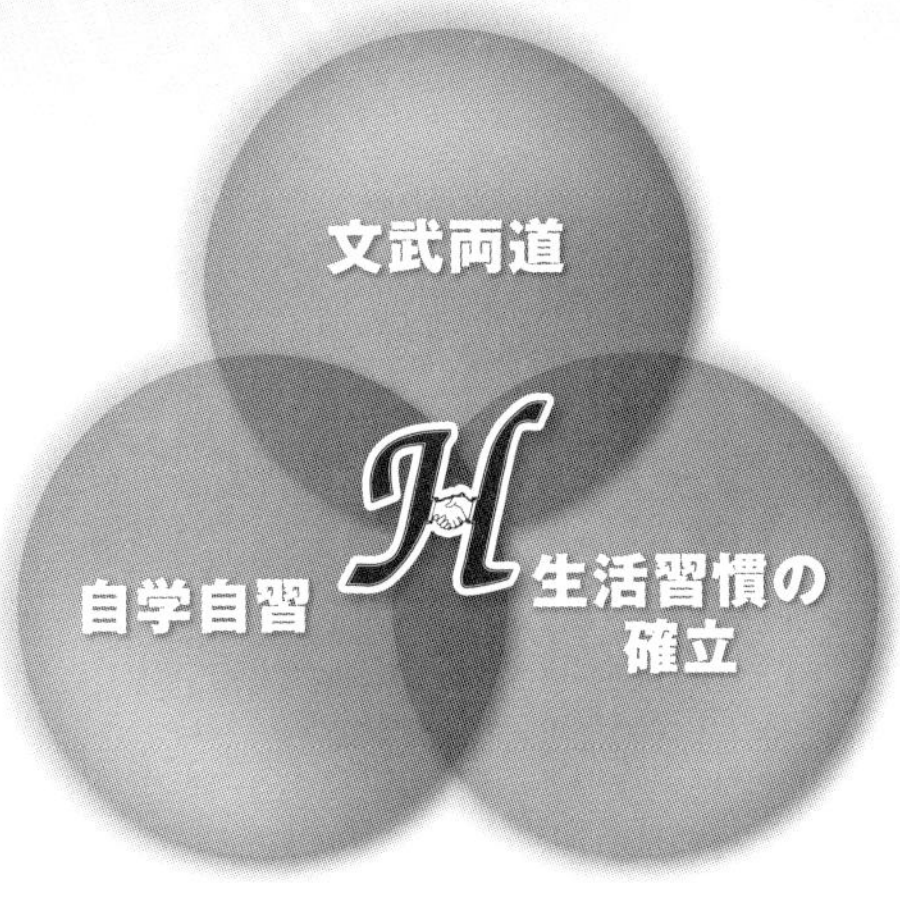

文武両道

生徒の83%、高校入学生においては90%以上がクラブに所属。「1日3時間×週5日まで」と限られた活動時間で、目標に向かって成果をあげるように努力し、学習時間とのメリハリをつけながら、日々成長を続けています。

生活習慣の確立

「文武両道」「自学自習」の実現のためにも必要な自己管理能力を学校生活のなかで高めていき、生活習慣を確立します。また、コミュニケーションの基本である「あいさつ」の習慣化にも、学校全体で取り組んでいます。

本郷高等学校は、「文武両道」「自学自習」「生活習慣の確立」という3つの教育方針を掲げ、「次世代を担うリーダー」を育成しています。「文武両道」は、創立当初から大切に引き継がれてきた精神。「自学自習」と「生活習慣の確立」は、進学校として方針が見直され、新たに掲げられたものです。入試広報部部長の佐久間昭浩先生は、「以前は、教員が手厚く補習や個別指導を行い、生徒がそれに甘えていることがありました。生徒にとって本当に必要なのは、自ら学ぶ力。それを身につけさせることこそが、私たちの行うべき教育なのです」と説明されます。

高校入学生は、1年次、中高一貫生と別クラスで学びます。7時限授業を週2回実施し、数学は1・8年ぶんの内容を学習。カリキュラムを先取りしている中高一貫生と混合クラスになる2年次に備えます。

「短期間に通常より多い学習量を身につけさせるため、綿密に小テストを行います。生徒たちは自然と自学自習を習慣づけ、そのペースを2年次以降も継続させます。学習サイクルを身につけたい生徒、理系の力を強化したい生徒など、あえてこうした厳しい環境を求めて集まる生徒もたくさんいます。」(佐久間先生)

さらに、高校生は、クラブ所属率が高いのも特徴です。多くの生徒がクラブと勉強を両立させています。3年次までクラブを続けながら、第1志望の大学に合格する生徒も少なくありません。こうした傾向について、佐久間先生は、「学校生活で身につけた『生活習慣』と『自学自習の確立』が、成果となって表れ始めています。また、先輩が見本となって、後輩に刺激を与えてくれています。クラブの練習にも妥協せず、第1志望の大学進学にもこだわりぬく姿勢。それを見た1人ひとりが、『自分はなにがしたいのか』を自分で選び、実践できるようになってきているのだと思います」と話されます。

数年後の創立100周年に向け、さらなる進化を続ける本郷。3つの教育方針が浸透し始め、大学合格実績もさらに伸びてきています。

『やりたいことが実現できる』という理由で志望する生徒が多い学校です。実際、在学生はやりたいことがハッキリしており、目標に向かって自ら行動しています。第1志望を貫く生徒の姿勢が、結果的に大学合格実績の伸びにつながっているのではないでしょうか。」(佐久間先生)

3 Course 3 Class 3 Field

■文理特進コース ■進学コース［文理選抜クラス・文理進学クラス・総合進学クラス（進学系／音楽系／美術系）］ ■アスリートコース

◆個性を活かす【3コース／3クラス／3類系】
◆年々伸びる進学実績
◆全国レベルを誇るクラブ活動

学園祭開催 9/26（土）・9/27（日）

●学校説明会は本校HPにて完全予約制です。 ●詳しい学校紹介はHP又は学校案内をご覧ください。

八王子学園
八王子高等学校
Hachioji Senior High School

〒193-0931 東京都八王子市台町 4-35-1 Tel.042-623-3461（代）
http://www.hachioji.ed.jp E-mail info@hachioji.ed.jp
JR中央線［西八王子駅］から徒歩5分

あれも日本語 これも日本語

「野球」から生まれた言葉

今年は夏の甲子園が始まって１００周年、野球から生まれた言葉についてみてみよう。

「登板」。投手が投げるマウンドは少し高くなっていて、投手が足をかけるプレートという白い板がある。そこから投手としてマウンドに立つことをいうんだ。それが転じて、テレビ番組などの役に就くこと、さらには首相や社長など重要な地位に就くこともいうようになった。「Ａキャスターが番組の司会者として登板した」「Ｂ氏が社長として登板した」なんていうよ。

「降板」は「登板」の反対だ。「Ａキャスターは不祥事があって番組を降板させられた」なんて使う。

「続投」は投手が引き続きピッチングを続けること。そこから、地位に留まって仕事を継続することをいう。「内閣改造があったが、Ｃ大臣の続投が決まった」とか。

「ストライク」は投手が決められた範囲に投球することだ。そこから、物事がぴしっと決まることをいうようになった。「テストの山カン、ストライクだった」とかね。

「直球」は投手がボールをまっすぐに投げること。そこから正々堂々と真っ正面から向きあうこともいうようになった。正々堂々と勝負することを「直球勝負」ともいうよ。

「変化球」は直球の反対。そこから色々な策を弄《ろう》して対応するという意味もある。

「隠し球」はランナーをアウトにするため、野手がボールを隠すことだが、そこから転じて、交渉などで最後まで相手に隠しておく切り札の意味で使われることもある。また、秘蔵している優秀な人材、秘蔵っ子をさすこともあるよ。

「空振り」は打者がバットを振ったのにボールにかすりもしなかったことだけど、そこから、企てがうまくいかなかったことをいうようになった。「試験でヤマを張ったのに、だめだった。空振りだ」なんてことにならないといいね。

「すべり込みセーフ」は打者や走者が塁にすべり込んでセーフになることだけど、そこから、ぎりぎり間に合うようにすることを言う。「最後の追い込みで、志望校にすべり込みセーフだった」となればいいね。

〒166-8538　東京都杉並区和田1-49-8　[代表] TEL: 03-5340-4541　FAX: 03-5340-4542

http://www.joshibi.ac.jp/fuzoku

100th 2015 ANNIVERSARY

独自の哲学教育と国際教育を新校舎で生徒の学習意欲に応える熱い教育を展開

東《とう》洋《よう》大《だい》学《がく》京《けい》北《ほく》高等学校

今年度、校名変更、新校舎への移転、共学化を行った東洋大学京北高等学校。推薦入学枠を持つ東洋大学の附属校ではありますが、全科目履修型のカリキュラムを取り入れ、全員で国公立大学をめざすというコンセプトのもと、新たな歴史を刻んでいます。

石坂《いしざか》 康倫《やすとも》 校長先生

学びやすい充実の新校舎 国際人を育成する教育

全科目履修型のカリキュラムを組み、学校改革を進める東洋大学京北高等学校（以下、東洋大京北）。全員が高い目標を持って学習に臨み、高1から難関国公立クラスが1クラス編成されます。11学部を有する東洋大への進学も可能で、東洋大入学決定者には、高3の冬にポートランド州立大学語学研修という魅力的なプログラムも用意されています。

東洋大京北の新たな教育には1年目から大きな期待が寄せられ、今年度の高1は、予定していた8クラス（内進生を含む）を大幅に上回る志願者が集まり、12クラスでスタートしています。男子166名、女子210名と女子にも人気が高く、新校舎は活気にあふれています。

新校舎は吹き抜けや大きな窓から自然光をふんだんに取り入れた明るい造りです。各階には自習コーナーやスタディデッキとして机とイスが設置され、自習環境も充実しています。過ごしやすく学びやすい新校舎で、東洋大京北は「よりよく生きる」をテーマに据え、「本当の教養を身に付けた国際人」を育成しています。

石坂康倫校長先生は「生徒には国際人として日本の価値を世界に伝え、世界をリードしていってほしいです。そのために物事を俯瞰《ふかん》して見る力と探究する力といった学力面に加え、思いやりの心、豊かな心を育て、本当の教養を身につけていきます」と話されます。その教育のなかから「哲学教育（生き方教育）」「国際教育」をご紹介しましょう。

「哲学教育（生き方教育）」とは、「諸学の基礎は哲学にあり」との建学の精神に基づき東洋大京北が教育の柱として実践しているものです。高1で「倫理」が必修とされ、哲学的教養と思考力を育みます。生き方や社会のあり方を考える刑事裁判傍聴学習会やあるテーマについて調査研究を行う哲学ゼミも実施されています。

「国際教育」では、すべて英語で行われる「国際英語」という科目が設定されるとともに、セブ島英語研修、オレゴンサマープログラムといった実際に海外へ行く機会も用意されています。こうした教育を通じて、生徒は英語力に加え、日本とは異なる文化や歴史を理解する多面的なものの見方を身につけます。

石坂校長先生は「本校では『礼儀を正して、人の話を真摯《しんし》に聞き、労苦を惜しまず力を尽くせば、不可能なことも可能になり、よりよい人生へとつながる』という意味のメッセージを全教室に掲げています。この言葉を胸に、生徒は高い意欲を持って学習に励み、教員も真剣に魅力ある学校作りに取り組んでいます。その熱意を感じて、ぜひ本校に来ていただけたらと思います」と話されました。

新たな教育を展開する東洋大学京北高等学校の今後に注目です。

SCHOOL DATA

所在地 東京都文京区白山2-36-5
アクセス 都営三田線「白山駅」徒歩6分、地下鉄南北線「本駒込駅」徒歩10分、地下鉄丸ノ内線「茗荷谷駅」徒歩14分、地下鉄千代田線「千駄木駅」徒歩19分
TEL 03-3816-6211
URL https://www.toyo.ac.jp/toyodaikeihoku-hs/

説明会日程

学校説明会 要予約
10月31日（土）15：00～16：30
11月21日（土）15：00～16：30
12月６日（日）11：00～12：30
14：30～16：00

個別相談会 要予約
すべて14：00～17：00
11月14日（土） 11月28日（土）
12月５日（土） 12月12日（土）

オープンスクール 要予約
10月25日（日）９：00～12：30

入試問題解説会（中３対象） 要予約
12月20日（日）９：00～12：00
13：30～16：30

京北祭 両日とも10：00～15：00
９月26日（土） ９月27日（日）
※入試相談室あり

サクニュー！ ニュースを入手しろ!!

SUCCESS News

産経新聞編集委員 大野敏明

今月のキーワード

明治の産業遺産群が世界遺産へ

「明治日本の産業革命遺産」がこのほど、国連教育科学文化機構（ユネスコ）の世界文化遺産に登録されました。一昨年の「富士山」（静岡県、山梨県）、昨年の「富岡製糸場と絹産業遺産群」（群馬県）に続き３年連続の登録で、日本の世界文化遺産はこれが15件目、世界自然遺産の４件を含めると日本の世界遺産は19件となりました。

「明治日本の産業革命遺産」は、幕末から明治にかけて、日本が近代化する過程で各地に建設された、近代化、産業化の原動力や象徴ともいえる建造物などです。

対象となったのは「軍艦島」の通称で知られる「端島炭鉱」（長崎県）や「官営八幡製鉄所」（福岡県）など、北は岩手県から南は鹿児島県まで８県にわたる23施設です。

幕末につくられた山口県萩市の松下村塾《しょうかそんじゅく》、静岡県伊豆の国市の韮山反射炉《にらやまはんしゃろ》も入っています。長崎県長崎市の三菱長崎造船所のように現在も現役として100年以上稼働している施設もあります。

世界遺産は通常、１カ所が指定されますが、今回は23カ所と多数の施設を一括して申請しました。これは明治維新を迎え、日本が近代化を成し遂げていくなかで、大きな役割を果たした施設を全国から選抜して指定することで、西洋の技術が輸入され、日本の文化と融合して急速な近代化を成した過程が時系列的に明らかになる、と考えたからです。

23施設のなかには端島炭鉱のように、急速に老朽化が進んでいるところもあり、政府はこれらの施設の保全に力をあげることになります。

今回の登録に関しては、韓国政府が第二次世界大戦で、韓国人が徴用された施設が含まれているとして反対運動を展開しましたが、日韓双方の政府が話しあい、韓国政府は最終的には登録に同意しました。

⬆PHOTO
世界文化遺産に登録が決定した静岡県伊豆の国市の韮山反射炉（2015年５月５日午前）写真：時事

明治日本の産業革命遺産の23施設

1	橋野鉄鉱山・高炉跡（岩手県釜石市）	13	小菅修船場跡（長崎県長崎市）
2	韮山反射炉（静岡県伊豆の国市）	14	三菱長崎造船所第三船渠（長崎県長崎市）
3	萩反射炉（山口県萩市）	15	三菱長崎造船所ジャイアント・カンチレバークレーン（長崎県長崎市）
4	恵美須ヶ鼻造船所跡（山口県萩市）	16	三菱長崎造船所旧木型場（長崎県長崎市）
5	大板山たたら製鉄遺跡（山口県萩市）	17	三菱長崎造船所占勝閣（長崎県長崎市）
6	萩城下町（山口県萩市）	18	高島炭鉱（長崎県長崎市）
7	松下村塾（山口県萩市）	19	端島炭鉱（長崎県長崎市）
8	官営八幡製鉄所（福岡県北九州市）	20	旧グラバー住宅（長崎県長崎市）
9	遠賀川水源地ポンプ室（福岡県中間市）	21	旧集成館（鹿児島県鹿児島市）
10	三池炭鉱、三池港（福岡県大牟田市と熊本県荒尾市）	22	寺山炭窯跡（鹿児島県鹿児島市）
11	三角西（旧）港（熊本県宇城市）	23	関吉の疎水溝（鹿児島県鹿児島市）
12	三重津海軍所跡（佐賀県佐賀市）		

渋谷教育学園幕張高等学校

〒261-0014 千葉市美浜区若葉１-３　TEL.043-271-1221（代）　http://www.shibumaku.jp/

無事に江戸に着けるのか？一路の無謀な挑戦が始まる

『一路』（上下巻）
著／浅田次郎
価格／上下巻とも640円＋税
刊行／中央公論新社

今月の1冊 『一路』（上下巻）

ときは江戸時代。7500石という、旗本としては大身の蒔坂《まいさか》家は、西美濃田名部郡を治めていた。大名ではないけれど、同等に扱われる交代寄合表御礼衆を務めているため、大名同様に参勤交代をしなければならない。

その参勤交代に際して、行き帰りの道中一切のことを取り仕切るのが「供頭《ともがしら》」という役職だ。蒔坂家の供頭は代々小野寺家が務めている。しかし、当主の小野寺弥九郎が失火によって急きょこの世を去ったため、嫡男の一路《いちろ》が跡を継ぐことになった。

一路はまだ19歳で、生まれてこの方江戸に住み、田名部の地を踏んだことは一度もない。かつ、これまでに父からいっさい供頭のお役目について教えられたこともなかったにもかかわらず、お殿さまの第14代蒔坂左京大夫《さきょうのだいぶ》が田名部から江戸へと参勤交代する日が迫っていたため、一路は急ぎ江戸から田名部へと向かわなければならなかった。

これだけでも十分大変な境遇だが、初めて故郷に戻ってみると、周りの人の態度がよそよそしい。19歳でいきなり大役を果たさなければならない一路に対して、もう少し救いの手を差し伸べてもよさそうなものだが、叔父さえも助けてはくれない。

父は火の不始末で家を燃やして亡くなっており、その家はお殿さまから与えられている。だから、その家を燃やしてしまうのは武士として恥なのだ。

のっけから四面楚歌のような状態だが、参勤交代は刻々と近づいてくる。家の焼け跡から見つかった、どうやら先祖代々の「元和辛酉歳蒔坂左京大夫様行軍録」を手に、一路はやるしかない、と決意を固める。

そうすると、徐々に味方が現れ始め、参勤交代がスタートすると、お家騒動も絡んで次から次へと事態が展開していく。著者・浅田次郎の名作『プリズンホテル』にも似た、暗い部分がありながらも、笑いあり、涙ありの人情味あふれた時代小説。

上下巻でボリュームはあるけれど、ひと息に読みきりたくなるおもしろさだ。

今春スタートした期待の大学

アクティブ・ラーニングと国際英語の 開智国際大学

千葉県といっても東京圏といっていい、JR常磐線・東武野田線「柏」駅からバスで10分、木立の中の緑いっぱいの敷地に、開智国際大学はあります。この大学は、埼玉県屈指の進学校である開智学園が総力を結集させ、国際標準の教育を行う大学を創る目的でスタートさせた大学です。そこで大学の魅力と将来展望を青木徹理事長と北垣日出子学長に伺いました。（取材／SE企画）

国際標準の大学教育を目指す

開智国際大学の教育は、アメリカのＩＢリーグの有名大学が取り入れているリベラルアーツ教育をベースにしています。学部構成はリベラルアーツ学部の中に、総合経営学科、人間心理学科、総合文化学科となっています。

魅力的なアクティブ・ラーニング型の授業

日本の多くの大学が講義型の授業を中心に教育を行っていますが、開智国際大学では開智学園の小・中・高で実践してきた探究型の授業手法を基に、大学レベルに質を高めたアクティブ・ラーニング型の授業を行っています。

探究型、アクティブ・ラーニング型の授業とは、教員が一方的に講義をするのではなく、授業内で提起された課題や疑問を、学生が自ら考えたり、調べたり、時には意見交換をしながら最善の回答を導き出していく授業の方法です。

「多くの授業が、学生同士が議論し、調査した内容が適切かなどを検証しながら進んでいきます。ここで威力を発揮するのが、パソコンやｉＰａｄ、スマートフォンなどのＩＣＴ機器です。もちろん、さまざまな書物を通して文献や論文を参考にすることもありますが、ＩＣＴを活用して情報収集することも少なくありません」と、北垣学長が授業の様子を語ってくれました。

学生たちは「講義型の授業と違って、調べたり考えたり、皆でグループに分かれて論議したりするので、１コマがあっという間に終わります。

あとになって、その日に学んだことが、自分の中で身についているなと実感できて、とても嬉しくなります」と話してくれました。

北垣学長は「アメリカの大学では、多くの大学がアクティブ・ラーニングを取り入れていますから、例えば在学中に海外の大学に留学したとしても、違和感なく授業についていくことができるでしょう。また、この授業手法では、社会に出てからも使える企画力、コミュニケーション能力などが大いに身につきます」と付け加えてくれました。

週4コマの英語授業で実践的な英語力を

開智国際大学の、もう一つの特色が「使える英語を身につける」ための英語教育です。

大学１年次には週４コマの英語が必修で設定されています。大学の１コマは90分なので、１週間で受ける英語授業の時間数は計360分（90分×４コマ）。年間だと180時間となり、英語の専門学科と変わらないほどの授業時間数になります。しかも、教員は全員ネイティブスピーカーで、授業はすべて英語で行われます。英検準１級レベルの学生から英語があまり得意ではない学生まで、学生の英語習熟

度はさまざまなため、習熟度別にクラス分けを行い、1クラス20人以下で授業が行われています。そして、大学2年次は、週1コマの英語が必修です。やはりネイティブ教員が担当し、クラスは習熟度別に分かれています。

授業中は休む間もなく、たくさんの英語を聴き、発言していきます。リーディングやライティングの授業もありますが、主にヒアリング力・スピーキング力の向上に力を入れています。

7月に蘇州大学（中国）の学生が来校した時には、お互いが英語でコミュニケーションを取り、学生同士、あっという間に仲良くなっていきました。このようなお話しから、学生に着実に英語力が備わっていることが窺えます。

また、「海外大学への短期留学も、本学では推進しています」と北垣学長。「成績優秀者には、留学費用の一部を大学が援助する奨学金制度があります。大学3年次には、希望者がアメリカの首都ワシントンDCの国際機関で、インターンシップを実施できるようにもなっています。

その他、『経済学』や『物理学』を英語で学ぶ科目もあります。

将来的には、大学の授業の3分の1は英語で行いたいと考えています」と北垣学長は語ってくれました。

特待制度、教授陣、大学改革推進中

開智国際大学は、1学年の定員が150名と小規模な大学です。そのため教員と学生の距離がとても近く、この環境を最大限活かした、少数精鋭の大学を目指しています。

多くの優秀な学生に入学してほしいという大学側の強い思いから、これまでの大学受験ではあまり例を見ない驚きの特待制度が用意されています。例えば、S3特待では、4年間の学納金が国立大学の学費より低額の210万円になります。さらにS2特待では170万円（4年間の学納金）となり、S1特待に選ばれると4年間の学納金は総額30万円で済んでしまいます。「特待入試の受験者の半分が、S3以上の特待生に合格するように特待入試を行います」と青木理事長が熱く説明してくれました。

また、今年の4月からは吹奏楽の指導者として全国的に有名な市立柏高校の石田修一先生が、教育学や音楽学の教授として就任しました。さらに、柏の葉にある東大物性研究所で大学院生を指導していた、理学博士の久保田実先生も、同じく4月から教鞭をとっています。若手では、京都大学で経済学博士号を取得したロシア出身のゴルシコフ先生をはじめ、実力派の教授陣が揃っています。

2017年度に教育学部を新設

最後に、今後の開智国際大学の展望を青木理事長にお聞きしました。

「2017年度に小学校の教員免許状が取得できる教育学部を新設するため、現在、文部科学省に相談しています。また、現在は中学・高等学校の国語・英語の教員免許状を取得できるので、併設校である開智小学・中学・高等学校と連携をとり、これらの学校で大学1年次から〝教師インターンシップ〟が行えるよう準備中です。またリベラルアーツ学部を国際教養学部に改組し、国際経営、人間心理、国際コミュニケーション、比較文化などのコースを設ける予定です。キャリア教育や企業インターンシップにも力を入れ、いずれの学部も各種資格取得対策や教員採用試験対策、公務員試験対策などを大学1年次から充実させていきます」と力強く語る青木理事長。

数年後にはかなりのレベルアップが見込める開智国際大学。来年度入試はお買い得な入試となりそうです。

オープンキャンパス

申込不要・入退場自由

9/27（日） 13:00-16:00
10/25（日） 柏学祭同時開催
12/6（日） 13:00-16:00

授業体験・入試相談・キャンパスツアーなど

■問い合わせ
アドミッションセンター
Tel. 04-7167-8655
E-mail. admission@kaichi.ac.jp

開智国際大学

〒277-0005 千葉県柏市柏1225-6
URL: http://www.kaichi.ac.jp

■アクセス
JR常磐線・東武野田線「柏」駅
中央改札を出て東口から
【徒歩】約20分
【バス】阪東バス「戸張」行（4番乗場）乗車約10分
「柏学園前」下車、徒歩3分

Wings and Compass

未来に翔く翼とコンパス

学校説明会※

9/20（日）	11/ 7（土）
10/10（土）	11/14（土）
10/17（土）	11/22（日）
10/31（土）	12/ 5（土）

全て14:00～15:30

※ 全体会1時間半（予定）、その後に校内見学・個別相談を受付番号順に行います。

特待入試解説会

11/29（日）13:00～17:00

東京国際フォーラムHALL B7（有楽町）

個別相談会

12/27（日） 9:00～15:00

クラブ体験会

男子サッカー部

10/17（土） 16:30～18:00

野球部

10/10（土） 16:30～18:00

11/ 7（土） 16:30～18:00

- すべて予約制です。
- 本校 Web http://www.sakuragaoka.ac.jp/ よりお申し込みください。
- 上履きは必要ありません。
- 車での来校はご遠慮ください。

桜丘中学・高等学校　共通行事　● 予約は不要です。

桜華祭　9/27（日）9:00～15:00 本校

SAKURAGAOKA 1924

桜丘高等学校

〒114-8554 東京都北区滝野川1-51-12　tel：03-3910-6161

http://www.sakuragaoka.ac.jp/

mail：info@sakuragaoka.ac.jp

@sakuragaokajshs

http://www.facebook.com/sakuragaokajshs

・JR京浜東北線・東京メトロ南北線「王子」下車徒歩7～8分
・都営地下鉄三田線「西巣鴨」下車徒歩8分
・都電荒川線「滝野川一丁目」下車徒歩1分
・「池袋」駅から都バス10分「滝野川二丁目」下車徒歩2分
・北区コミュニティバス「飛鳥山公園」下車徒歩5分

サクセスシネマ

SUCCESS CINEMA

vol. 68

最後まで諦めない！

スピード

1994年／アメリカ
監督：ヤン・デ・ボン

『スピード』
Blu-ray発売中
2,381円＋税
20世紀フォックス ホーム エンターテイメント ジャパン

SWAT隊員と爆弾魔の対決

主人公は、アメリカ警察の特殊部隊SWATの隊員ジャック。彼と爆弾事件の犯人との対決が描かれています。

ある日、バスに爆弾が仕掛けられる事件が発生。その爆弾はバスが時速50マイル（80km）を超えると作動し、その後、時速50マイル以下になると爆発するというもの。この事件を知ったジャックは、すでに爆弾のスイッチが入ったバスに飛び乗り、乗客を救おうとします。自分の命も危うくなる状況に自ら飛び込んでいくジャックの姿は正義感にあふれています。果たして爆弾を止めることはできるのでしょうか。

信号で止まることもできなければ、渋滞があっても減速もできないという危機的な状況に加え、さまざまな問題が発生し、一難去ってまた一難と最後まで手に汗握る展開を楽しめる本作。タイトル通り、スピード感あふれるノンストップアクションを満喫できます。

本作は、ハリウッドを代表する俳優キアヌ・リーブスとサンドラ・ブロックの出世作となった作品でもあり、若い2人のパワフルな演技も魅力です。

ポセイドン・アドベンチャー

1972年／アメリカ
監督：ロナルド・ニーム

『ポセイドン・アドベンチャー』
Blu-ray発売中
1,905円＋税
20世紀フォックス ホーム エンターテイメント ジャパン

豪華客船が舞台のパニック映画

本作は、1970年代に制作され、パニック映画の先駆けともなった作品です。

大海原を進むポセイドン号。突如として、大津波に飲み込まれ船が転覆、船内は一瞬で惨状と化します。乗客がパニックに陥るなか、唯一冷静に状況をとらえ、生きのびるためにはどうすべきかを考える牧師のスコット。助かるためには船底へあがるしかないと判断し乗客たちに伝えますが、多くの人々は行動を起こさず、その場で助けが来るのを待つことに。スコット牧師に従ったのはわずか9人でした。ここからスコット牧師らの生きるためのつらい道のりが始まります。

神を信じながらも、祈るだけでは神は助けてくれない、道を切り開くためには自ら行動を起こさなければならないというスコット牧師の「生」への強い思いがストレートに胸に響いてきます。命のはかなさ、もろさを感じさせる悲しいシーンもありますが、なによりも命を尊び、生きるために、人々を生かすために行動するスコット牧師の姿にみなさんも強い感銘を受けるでしょう。（※本作には一部津波のシーンがあります）

アンストッパブル

2010年／アメリカ
監督：トニー・スコット

『アンストッパブル』
Blu-ray発売中
2,381円＋税
20世紀フォックス ホーム エンターテイメント ジャパン

実話に基づいた暴走列車事故

2001年にアメリカ・オハイオ州で実際に起こった事故を題材として制作された映画です。

ある日、39両編成の列車が無人で発進するという人為ミスが発生。ギアがフルパワーになっていること、有毒化学物質が積まれていること、加速したまま市街地にある急カーブに入っていけば間違いなく列車が脱線し大惨事になることなど、最悪の事態を想定させる事実が明らかになっていきます。そんな絶体絶命のピンチに立ち向かおうとするのが、その日初めて仕事を組み、偶然近くに居合わせたベテラン機関士のフランクと新米車掌のウィル。彼らは経験と行動力で暴走列車に挑みます。いったいどうなるのでしょうか。

列車が100㎞以上のスピードで暴走する様子は迫力満点！　実話だとは思えないハラハラドキドキのストーリーに最後まで目が離せません。

また、少しずつ信頼関係を築きながら、力を合わせてピンチに立ち向かうフランクとウィルの姿から、最後まで諦めない勇気をもらえるはずです。

なんとなく得した気分になる話

生徒　先生

身の回りにある、知っていると
勉強の役に立つかもしれない知識をお届け!!

片づけができない人は勉強もできない？

お母さんに「片づけしなさい！」って言われた…（怒）。

そんなに不機嫌に話さなくても。まあ、お母さんとはそう言うものだよ。

だってさ、お母さんの机だって片づいてないのにさ、どうしてぼくだけ。おかしくない？

それはだね…。

それは！　なに？

そう、小さいときに物を片づけるというのは、
①なにを出したかを忘れない
②次に物を出すために片づける順番を考える
といった意味があるんだ。

そんなこと考えてもみなかった。

小さいときからこの２つを身につけることが、勉強力、記憶力を増すことになるんだよ。

１番目の「なにを出したかを忘れない」って、出したものぐらい覚えてるよ。忘れる方が変じゃん。

そうかもしれないけれど、忘れることを始めると、なにもかも記憶しようとしなくなるのが頭ってやつなんだよ。一度楽を覚えると身体も頭も楽しかしないからね。

２番目の片づける順番を考えるは、どうして？

これは、例えば洋服をタンスにしまうと考えよう。グチャグチャにしまうと、次に着たい服を出すときにどうなる??

タンスをかき回す（笑）。

楽しそうだね。

うん。

そのまま返事するんじゃない！　普通に考えて、朝の時間のないときにタンスで洋服をかき回す時間があるのか？　それに、言い返せばいいってもんじゃない！　この話だって、キミのことだ、きっと普段は制服だから洋服ダンスを朝はかき混ぜませんとか言いたいんだろう！　自分の発言をすべて正当化し、さらには楽をすることしか考えず、あげくの果てに周りのことを考えない自分勝手な人間は片づけなんかできるわけないんだ！　フーフー…。

怖い…。

そして片づけのできない人間が、勉強なんてできるようになるわけがないんだ！

片づけるよ。

どうせ口だけでしょ。

ちゃんと片づけるから、そんなに怒らないでよ…。ごめんなさい。

まあ、ちょっと言い過ぎたかもしれない。しかしね、勉強ができるようになるコツは、余計なことに時間をかけないことなんだ。だから、片づけは必要なんだ。

よくわかったよ。初めてこんなに先生に怒られた。

先生はね、だらしのないことが嫌いなんだ。若いうちにダラダラすることを覚えたり、ダラダラすることが楽しくなったりすると、もう元には戻れないんだよ。

元に戻れない？

そう。散らかすことだけをし続けると、片づけることができなくなって、物だけが増え続けるんだ。ムダな物はゴミとなる。それはゴミを高いお金で買ったことになるということだ。

今日の先生は厳しいな…。

まあ、たまにはね。

ところで先生。先生は片づけ上手なの？

最近、妻に片づけてもらったよ。

…もしかして、先生が粗大ごみだったりして？

そうかも…ってコラッ！

1人ひとりの目標と可能性に向き合う

國學院《こくがくいん》高等学校

**緑豊かな神宮外苑の杜にある國學院高等学校（以下、國學院）。
スポーツと文化の中心地で生徒たちは伸びのびと3年間を過ごします。**

付属校&進学校

國學院は併設中学校のない高校単独の共学校で、1学年は約570名、全学年で約1700名の生徒が在籍する都内でも有数の大規模校です。大学付属校でありながら、大部分の生徒が国公立・早慶上理・GMARCHなどの難関大学を目指す進学校であり、青山という立地条件の良さも伴ってか、受験生には大変人気のある私立高校のひとつです。

高校募集時に、他の進学校にあるような特進コースや選抜コースといったコース区分はありません。そのため新入生は皆同じ教育環境のもとで安心して高校生活をスタートすることができます。また、生徒数が多いからこそ、〝心の教育〟に力を入れており、生徒1人ひとりの悩みや不安に親身に寄り添いながら、それぞれの進路希望に合わせたきめの細かい丁寧な指導が行われています。

神宮外苑で青春の３年間を

伝統的に穏やかな校風で、素直で真面目な生徒が多くみられるのは、何事に対しても基本を大切にする國學院の教育姿勢の表れではないでしょうか。

きめ細かな学習指導体制 1年次・2年次の概要

1年次はコース区分がないため、全員が同じ試験をクリアし、同じレベルの教育を受けるのですが、どうしても学年を追うごとに少しずつ学力の差が生じてきます。そのため國學院では、多様な学習状況にある生徒全員に対して、その学力や能力に合わせたカリキュラムを設定し、また数多くの学習オプションを導入しています。

例えば、入学後に学習の遅れが少し気になる生徒には夏季休暇中に指名補習を行い、それまでの学習の遅れをフォローしています。また、もっと勉強したいという意欲のある生徒には、國學院の教員と外部講師による夏期講習や冬期講習を実施して、学習のモチベーションを高めます。

2年次からは、文系と理系のコース分けがあり、その中で成績上位者に対しては、「チャレンジクラス」を設置しています。ただし、このチャレンジクラスは、学力選抜による強制的な選抜クラスではなく、〝もっといろいろなことを深く勉強したい〟というやる気のある生徒の意思で参加するクラスです。そのため、毎年、成績上位者であっても一般のクラスに残り、クラブ活動をしっかりと3年生までやり、難関大学へ進学する生徒も少なくありません。また、英語と数学の授業ではグレード別授業を設定しており、生徒はそれぞれの学力レベルに適した授業を受けることができます。

真面目で穏やかな校風

3年次の概要

受験学年の3年次からは、平日の6時間目に、受験に直結した「選択講座」が始まり、土曜日には任意選択科目の授業が行われます。

「選択講座」は、「英語基礎」のような基礎的な講座から「難関大英語」「ハイレベル数学」といった応用講座まで多彩な内容で設定されているため、生徒たちは自分の学力や進路希望に応じた講座を選択することができます。また、夏季休暇中には希望者を対象とした3泊4日の勉強漬けの合宿があり、日常から離れた環境の中で仲間と一緒に勉強にどっぷり浸かり、受験を勝ち抜く力を養います。

英語教育では多様なイベントを準備

このような多彩な学習オプションの導入と、並行して行われる担任によるきめ細かな面談により、生徒たちのモチベーションが高まり、自ら進路目標を決定し、主体的に学習に取り組むようになっていきます。

オーストラリア海外語学研修

多彩な学習オプションの中でも、毎年、夏季休暇中に行われる「オーストラリア海外語学研修」は、國學院の英語教育の中で核となる行事のひとつです。70名の募集に対して、今年は140名を超す希望者があり、学校内には事前に行われる選抜テストに向けて一生懸命に勉強する生徒の姿が数多く見られます。

この語学研修は、オーストラリアのタウンズビルで11年連続して行われており、今では地域ぐるみで國學院の生徒たちを歓迎してくれています。生徒たちはタウンズビルのホストファミリーの家から、現地のウィリアムロス校、カーワン校、ピムリコ校の3校に分かれて、約2週間、日本では決して経験することのできない貴重な時間を過ごすことになります。なお、毎年、語学研修に参加できない生徒が多数いることから、来年度（平成28年度）から新たにもうひとつの海外語学研修を始めようと検討中です。

活気ある学校行事とクラブ活動

また、経済的理由などで海外語学研修に参加できない生徒のために、国内で行う「英語キャンプ」を実施しています。ネイティブの外部講師たちと共に、勉強だけでなくゲームやスポーツなどを楽しみながら英語漬けの3泊4日を過ごします。

その他にも、毎年夏季休暇中に行われる英会話講座や英検対策講座、指定校推薦や系列大学へ無試験で進学する者たちへの短期留学制度など、生徒たちの希望に応じて多彩な学習オプションを導入しています。

バランスの良い3年間

学習の面だけをご紹介してきましたが、國學院ではクラブ活動、体育祭や文化祭などの学校行事にも積極的に参加することを奨励しています。

「校長が、朝礼などで、〝頭は文化的に、体は野性的に〟という言葉をよく使って話をします。この言葉には、高校3年間を楽しく過ごすためには、勉強だけでなく学校行事やクラブ活動にもバランスよく熱中しようという意味が込められています。國學院では、このバランス感覚を大事にしており、全員が同じ船に乗っている仲間として無事に志望する進路に進んで欲しいと考えています。そのために教員全員、少しの努力も惜しむことはありません」と、入試部長の幸松世剛先生に熱く語って頂きました。

高校の3年間、勉強に、スポーツに、そして学校行事に思いっきりチャレンジしてみたいと思っている受験生の皆さん、ぜひ一度、國學院を見学に行かれてみてはいかがですか。

國學院高等学校
〒150-0001
東京都渋谷区神宮前2-2-3
Tel 03-3403-2331
http://www.kokugakuin.ed.jp

■学校説明会
10月17日(土)①10:30～／②14:30～
11月 7日(土)14:00～
11月28日(土)14:00～
12月 5日(土)14:00～
■文化祭
9月20日(日)・21日(月・祝)

真の文武両道を追求しよう!

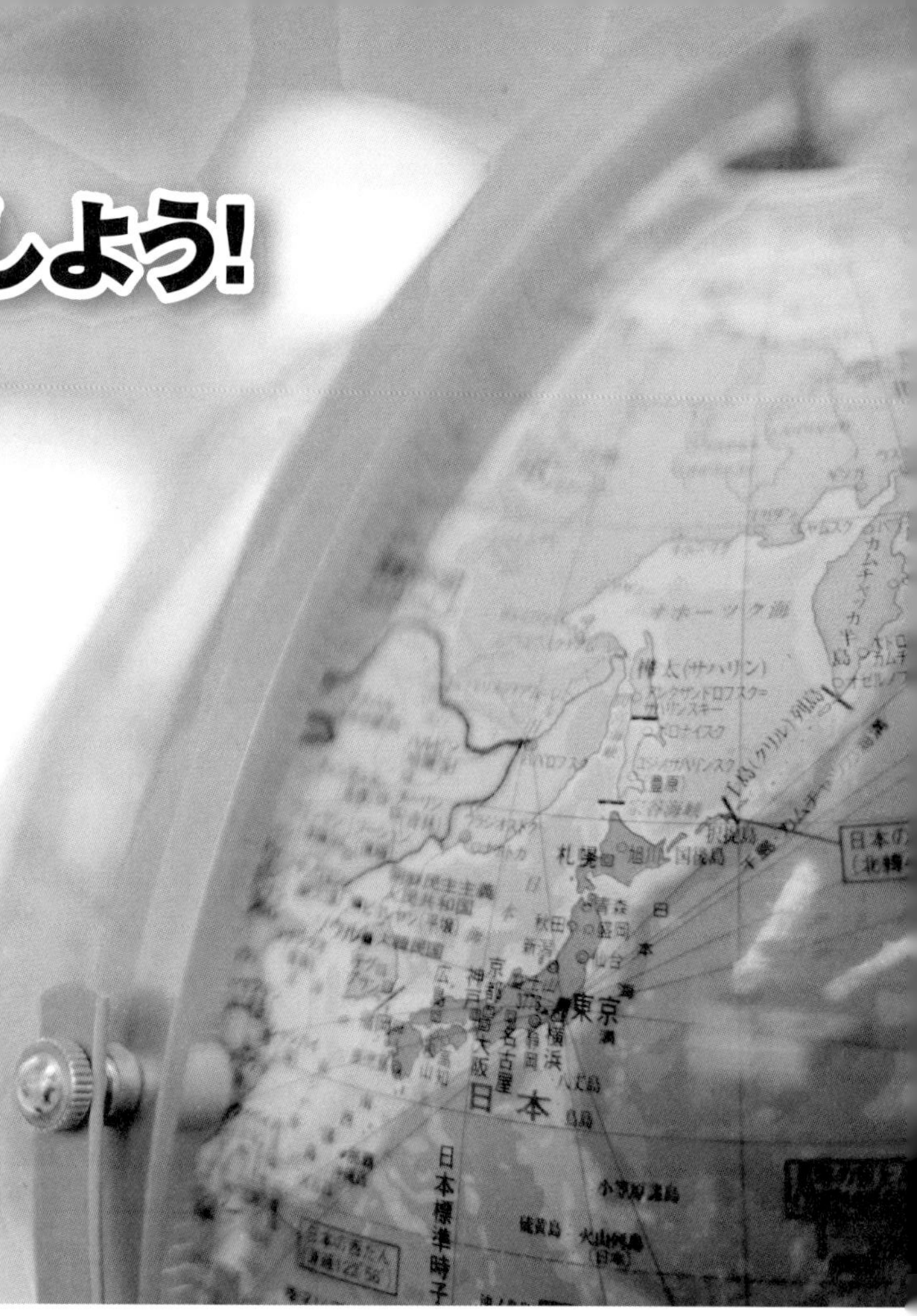

東大、一橋大、大阪大 合格!
医学部医学科６名合格!

東大、一橋大、大阪大、福井大(医・医)、筑波大
お茶の水大、早稲田大、慶應大、上智大、東京理科大
など難関国公立大、私立大学多数合格!

国公立大	54名	早慶上理	92名
医歯薬看護	66名	G-MARCH	222名

8部活が全国大会出場！
野球部、女子バレー部、水泳部、陸上部、HIPHOP部
吹奏楽部、パワーリフティング部、管弦楽部

◆ 入試説明会（予約不要）
（いずれも10：00〜）

9月27日（日）
10月18日（日）
11月22日（日）
11月29日（日）

◆ 個別相談会（予約不要）
（いずれも10：00〜14：00）

9月27日（日）
10月18日（日）
11月22日（日）
11月29日（日）
12月20日（日）
12月23日（祝）

◆ 入試日程

＜第1回入試＞	1月22日（金）
＜第2回入試＞	1月24日（日）
＜第3回入試＞	2月　1日（月）

春日部共栄高等学校

〒344−0037 埼玉県春日部市上大増新田213 ☎048−737−7611
東武伊勢崎線春日部駅西口からスクールバス（無料）で7分
http://www.k-kyoei.ed.jp

Q 大学入試改革の影響を高校入試も受けますか?

Question

最近見たニュースで、今後、大学入試が劇的に変化することを知りました。ということは、ぼくたちが受験する高校入試も、その影響を受けてなにか変わっていくのでしょうか。

（荒川区・中2・TM）

A 少なからず影響は受けそうなのでいまのうちから準備を。

Answer

中学生が社会的なニュースに関心を持っていることは、とてもいいことですね。ご指摘の通り、現在、文部科学省が中心となって、大学入試のあり方を根本的に変えていくことが検討されています。まだその詳細が具体的に決定したわけではありませんが、大学入試制度・内容が大きく変わることが予定されています。

一番大きく変わるのは、入試問題の中身です。現在の入試で主流となっているのはクイズのように記憶した内容をそのまま答える「知識重視」型ですが、設問の意味を考え、自分の経験や思考をふまえて答えていく「思考力・表現力重視」型に変わります。ですから、記述式解答が増えるでしょうし、正解も1つに限定されず、多様な解答が想定されます。

大学入試改革が開始するのは2020年（平成32年）、中1のみなさんが大学受験を迎えるころです。しかし、大学入試の変化が、みなさんが直面している高校入試にも少しずつ影響を与えるかもしれません。

例えば、数学では証明問題や途中式、考え方などを記述する問題、国語や英語でも比較的長い文章で答える形式の問題がさらに多くなると思われます。また、新しくなる大学入試同様、思考力や表現力を試される問題が各科目で増えていくことも予想されますので、いまから意識してそうした力を養っておくといいでしょう。

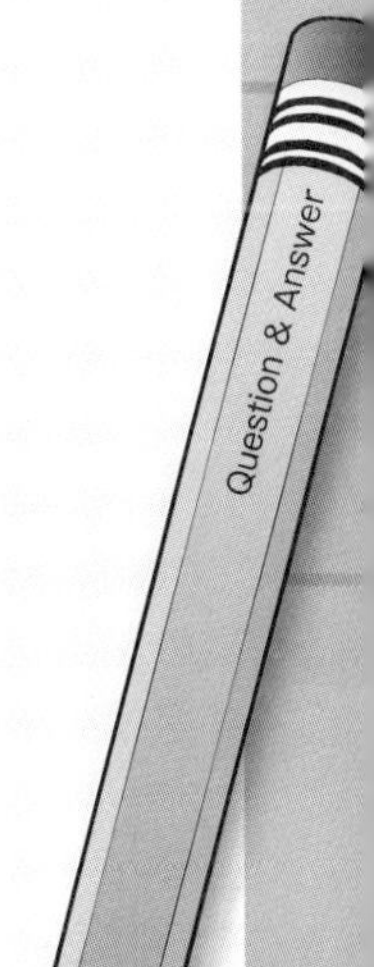

未来に生きる価値観を身につけた「真のグローバル人材」を育成するかえつ有明の21世紀型教育

かえつ有明高等学校

KAETSU ARIAKE Senior High School

2015年度（平成27年度）より高校募集を再開している、かえつ有明高等学校。グローバル時代となるこれからの社会で必要となる能力を育む、特色ある学習プログラムが用意されていることで注目を集めている学校です。その教育内容についてご紹介します。

これからの社会で求められる能力とは

２０２０年から新制度となる大学入試改革にも表れているように、グローバル化を筆頭とした社会の流れは、教育にも変化をもたらしています。２０１５年度（平成27年度）より高校募集を再開したことで話題となったかえつ有明高等学校（以下、かえつ有明）は、そうした時代の要請に対応できる「真のグローバル人材」を育成する特色ある教育を積極的に取り入れていることで注目されている学校です。未来を生きる生徒のための「21世紀型教育」とはどのような内容なのでしょうか。石川一郎校長先生にお聞きしました。

論理的思考力を育むかえつ有明の「Project科」

「近年の難関国公立大・私立大の入試では、単純に正答を導き出せるかではなく、知識をもとに自分の考えを論理的に表現する力が求められる出題がなされています。このことから、今後社会で必要とされる人材とは、豊富な知識をもとに論理的に思考を展開し、さらにそれを他者にわかりやすく説明できる能力が必須になると考えられます。しかし、こうした力の育成は、これまでの学校教育のような知識の詰め込み型学習では難しいでしょう。本校では、社会の変化に対応し、特色あるさまざまな教育によって、未来に生きる真のグローバル人材を育成します。」（石川一郎校長先生）

特徴的な教育の1つに、論理的思考力を育む課題解決型授業の「Project科」があります。与えられた問いに対して、調べ、客観的に批評し、グループによる協働作業を通してブレインストーミングし、意見をまとめて発表するという一連の流れを繰り返すことで、考える力をつけていきます。「情報を正確にとらえ、つねに論理的かどうかを考えるクリティカルシンキングのスキルを身につけることをめざします。Project科で培った力は、社会に出て答えのない問題に直面したときに役立ちます」と石川校長先生。

そのほかにも、全員参加のイギリス・ケンブリッジ研修、グループによる課題解決をはじめとした双方向型授業、総合学力を育む文理融合カリキュラムなどさまざまな取り組みがあります。全校生徒の17％と、帰国生が多い環境も魅力です。かえつ有明では、未来を見据えた教育が実践されています。

SCHOOL INFORMATION

住所 ■東京都江東区東雲2-16-1
電話 ■03-5564-2161
アドレス ■http://www.ariake.kaetsu.ac.jp/
アクセス ■りんかい線「東雲駅」徒歩８分

学校説明会（一般生対象）
10月31日（土）14:30～16:00
11月21日（土）14:30～16:00
12月 5日（土）14:30～16:00

学校説明会（帰国生対象）
10月17日（土）10:00～11:30
11月 7日（土）14:00～15:30

授業見学会
11月 7日（土）10:00～12:30

文化フェスタ
9月19日（土）10:00～14:00
9月20日（日）10:00～14:00

Success Ranking

志願したい大学ランキング

大学進学を希望する関東在住の高校３年生4408人を対象とした「志願したい大学ランキング」を紹介しよう。男女とも明治大が１位は変わらないけれど、そのあとは男女で違いがあるのがおもしろいね。

全体

順位	大学名	区分	志願度(%)
1	**明治大**	**私立**	**12.2**
2	早稲田大	私立	11.3
3	青山学院大	私立	9.6
4	立教大	私立	7.6
5	日本大	私立	7.0
6	法政大	私立	6.7
7	慶應義塾大	私立	5.7
8	中央大	私立	5.0
9	東洋大	私立	4.9
10	上智大	私立	4.8
11	千葉大	国立	4.3
12	東京理科大	私立	3.7
13	筑波大	国立	3.1
14	明治学院大	私立	2.9
15	首都大東京	公立	2.7
15	横浜国立大	国立	2.7
17	埼玉大	国立	2.6
18	神奈川大	私立	2.5
19	北里大	私立	2.3
19	駒澤大	私立	2.3
19	専修大	私立	2.3

男子

順位	大学名	区分	志願度(%)
1	**明治大**	**私立**	**13.4**
2	早稲田大	私立	13.3
3	日本大	私立	9.1
4	青山学院大	私立	8.7
5	法政大	私立	7.5
6	中央大	私立	6.5
7	慶應義塾大	私立	6.4
8	立教大	私立	5.8
9	東京理科大	私立	5.6
10	東洋大	私立	5.4
11	千葉大	国立	5.2
12	上智大	私立	3.7
12	筑波大	国立	3.7
12	横浜国立大	国立	3.7
15	芝浦工業大	私立	3.4
16	神奈川大	私立	3.2
16	埼玉大	国立	3.2
16	首都大東京	公立	3.2
19	東京大	国立	3.1
20	専修大	私立	2.8

女子

順位	大学名	区分	志願度(%)
1	**明治大**	**私立**	**10.9**
2	青山学院大	私立	10.5
3	立教大	私立	9.5
4	早稲田大	私立	9.0
5	上智大	私立	6.1
6	法政大	私立	5.8
7	慶應義塾大	私立	5.0
8	日本大	私立	4.7
9	東洋大	私立	4.3
10	明治学院大	私立	4.2
11	中央大	私立	3.4
12	千葉大	国立	3.3
13	北里大	私立	2.7
13	日本女子大	私立	2.7
15	筑波大	国立	2.4
16	大妻女子大	私立	2.3
16	東京家政大	私立	2.3
18	埼玉大	国立	2.1
18	首都大東京	公立	2.1
18	成蹊大	私立	2.1

「進学ブランド力調査2015」リクルート進学総研調べ

進路選択の多彩さが魅力

岩倉《いわくら》高等学校

新しい教育体制になって2年目の岩倉高等学校は、生徒の多種多様な希望進路に対応できるコース制を用意しています。

［学校説明会］

すべて14:30～／予約不要

10月10日㊏　10月24日㊏
11月 7日㊏　11月21日㊏
12月 5日㊏　1月 9日㊏

School Information

所在地　東京都台東区上野7-8-8	アクセス　JR山手線ほか「上野駅」徒歩すぐ、地下鉄銀座線ほか「上野駅」徒歩3分、京成線「京成上野駅」徒歩6分
TEL　03-3841-3086	
URL　http://www.tky-iwakura-h.ed.jp/	

普通科・運輸科の2科体制

普通科、運輸科、機械科、商業科という4科体制から、普通科、運輸科の2科体制に、そして、男子校から男女共学へと大きく舵を切って2年目を迎えた岩倉高等学校（以下、岩倉）。

岩倉だからこそ可能な多彩な進路の選択肢、それをサポートする3つのコース制（普通科）と特徴的な教育プログラムについてご紹介します。

普通科ではS特コースと特進コース、総進コースの3コースが設定されています。

S特、特進コースでは、高校３年間で難関大学合格をめざせるだけの学力を身につけます。

S特、特進コースは国公立や早慶上理、G-MARCHなど、難関大学合格をめざすコースです。基礎学力をしっかりと固めたあと、高2から進路に応じて文系、理系に分かれ、授業に加えて課外授業や集中講義を行い、難関大学受験に不可欠な学力を養成します。両コースのカリキュラムは同じですが、S特コースはそれぞれの教科について、より深く学ぶことができるコースです。

総進コースは、一般入試を中心に、AO・推薦入試も視野に入れた大学進学が軸。さらに専門学校や就職にもしっかりと対応するカリキュラム構成になっています。

また、やる気と成績に基づき、希望する場合は特進コースからS特コースへ、総進コースから特進コースへの2年次からのコース変更も可能です。

岩倉伝統の運輸科は、鉄道業務全般について学ぶことができ、鉄道教育に加えて大学進学にも対応したカリキュラムになっているのが大きな特徴です。

運輸科の生徒は鉄道関係の就職を希望する生徒が大半ですが、全員が希望通りに就職できるとは限りません。3年次の9月に就職試験の結果が出たあとからでも、大学進学に切り替えてラストスパートをかけて、充実している補習・講習を受講しながら希望の進路に進んでいく生徒も多くいます。

また、運輸科ではホスピタリティや旅行・観光業務についても専門的に学ぶことができるため、そうした専門知識を活かせる職種をめざす生徒もいます。

特別プログラム「チャレンジS」と「チャレンジ6」

今年度からは「チャレンジS」「チャレンジ6」という2つの特別プログラムがスタートしています。

「チャレンジS」は「現在の勉強が将来にどうつながっていくかを考える、学びの本質につながる」プログラムです。S特・特進コースが2年次から週に2時間を使って、グループワークを中心とした活動を行っています。調べ物をして論文を書く、テーマに基づいてプレゼンテーションを行う、といった内容です。

「チャレンジ6」は総進コースと運輸科に用意されており、2年次から週に2時間ずつ3種類選択できるプログラムです。今年度は英会話、英語劇、観光英語といったさまざまな英語学習などが実施されていますが、なかでも特徴的なのが必修の「企業インターンワーク」です。協力企業から年間2回課題をもらい、その課題解決のための調査やプレゼンテーションを行います。

このように、他校とはひと味違う進路の多彩さ、学習カリキュラムが魅力の岩倉高等学校。上野駅からすぐというアクセスの便利さもあって、男女どちらからもますます人気が高まりそうです。

受験情報

Educational Column

15歳の考現学
聞こえてくる高校入試の改善に
中学内申の絶対評価が落とす影

私立 INSIDE

私立高校受験
埼玉私立高校の補助金は
全国トップクラス

公立 CLOSE UP

公立高校受検
首都圏公立高校で国公立大、
早慶上理の合格率を伸ばしたのは

BASIC LECTURE

高校入試の基礎知識
首都圏公立入試の行方を
大阪の入試改革から占う

東京

都立高校の「男女別定員制の緩和」はとりあえず継続

5月から改善策を検討してきた「平成28年度東京都立高等学校入学者選抜検討委員会」は7月、報告書をまとめた。既報以外の改善点では、「男女別定員制の緩和」について、真に必要と認められる高校のみを対象とするとしたが、学校名は未公表。今後も男女別定員制の緩和実施の成果や受検者の動向などを基に現状を分析し、男女別定員制から男女合同定員制への移行の可能性について、継続して検討するとした。「男女別定員制の緩和」は第一次募集・分割前期募集でのみ実施され、実施校では、それぞれの募集人員の9割までを別々に選抜し、残り1割については男女合同での選抜となる。例えば定員が男女各100名ずつの学校ならば、それぞれ90名までは別々に合格者を決め、残りの男女20名の枠については、男女に関係なく合格者を決める方法。男子よりも女子のレベルが高い学校で男女別定員制緩和を実施すれば、合格ライン前後の女子はやや有利になる（上記の例では、女子の合格者は最高で110名となる）。

千葉

2016年度千葉県公立高校入試の実施教科・出題方針を発表

千葉県教育委員会は7月28日、2016年度千葉県公立高等学校入試の学力検査実施教科と出題方針を発表した。

前期選抜の学力検査（2月9日）は、国語・数学・英語・理科・社会の5教科を各50分で行う。

後期選抜の学力検査（2月29日）は同5教科を各40分で行う。

前期、後期ともに、国語の問題では放送による聞き取り検査、英語の問題では放送によるリスニングテストを含む。

前期、後期ともに各教科100点満点とする。

出題方針は、5教科すべて学習指導要領に基づきバランスよく出題する。

国語は「自分の言葉で考えを適切にまとめたり、相手に的確に伝えたりする力」、数学は「数学的な見方や考え方を総合的に活用するための思考力」、英語は「発話する力、読み取った情報を基に判断して思考する力、表現する力」、理科は「科学的に思考し、解決する力」、社会は「社会的事象を総合的に考察する力」などの学力がそれぞれみられるようにする。

15歳の考現学

聞こえてくる高校入試の改善に
中学内申の絶対評価が落とす影

森上《もりがみ》 展安《のぶやす》

森上教育研究所所長。1953年、岡山県生まれ。早稲田大学卒業。進学塾経営などを経て、1987年に「森上教育研究所」を設立。「受験」をキーワードに幅広く教育問題を扱う。近著に『教育時論』（英潮社）や『入りやすくてお得な学校』『中学受験図鑑』（ともにダイヤモンド社）などがある。教育相談、講演会も実施している。
HP：http://www.morigami.co.jp
Email：morigami@pp.iij4u.or.jp

東京都と大阪府の高校入試改革の背景には

都立高校入試は、来年実施のものから実技教科の内申点等を、従来の素点×1・3（一部の学校では×1・2）であったものを×2へと大きくポイントをあげます。

これは、都立高校入試において、入試日当日の学力検査の重みを7とし、内申を3と一律にすることに伴うものです。従来の比率は6：4とか5：5もあったので、一律に7：3にするというのは、いわば内申点がそれだけ低評価になる（逆にいえば入試当日学力検査が高評価になる）ので、実技4科の評価をあげることで教科間のバランスをとろう、ということでしょう。主要5科は、学力検査でより重く評価するわけなので、実技4科の内申換算をあげればバランスがとれるという考えです。つまり主要5科は、より入試当日が大切になり、技能4科は中学での日々の成果が反映しやすい、ということでしょう。

もう少し言えば、実技4科は技能ですから、絶対評価がわかりやすく、納得性が高いわけですね。その一方で、主要5科は、一応絶対評価基準はありますが、そこは各中学、各教科の先生が基準に応じて評価をするので、基準がいまのように抽象的だと、仮に同じ学力だとしても中学ごとに違いが生じやすいというのも事実です。

東京都の場合、これを「相対評価を加味した」とよくわからない評価法で（筆者は本質的には相対評価と同じ、とみています）、「5」は1校に何人くらい、というようなガイドラインで規制していますが、それでも学校差を埋めることはできませんから、今回のように主要5科について評価の比重をかなり小さくした、ということだと思います。

一方、前号でも述べましたが、大阪府教委が考えている「全国学力テストを内申換算に活用する」というアイディアがあります。各校の学校別平均正答率と大阪府全体の平均正答率を比較することで中学校別のバラツキを防ごうというものです。

これは、大阪市教委と大阪府教委とが、共通のモノサシを全国学力テストの成績に求めるもので、いわば大阪都構想の教育版、とでもいうべき趣があります。

確かに同じテスト、しかも学力を絶対評価する精度のよい、かつ悉皆《しっかい》的、網羅的なテストは、ほかには見当たりません。

　この大阪方式は、文科省の容《い》れるところとはならず8月上旬の本誌締め切り時点では両者が対決色を強めている、と報道されています。

　この行方は「国」対「地方自治体」という構図ですので、新聞の全国紙の読者には大阪府の言い分は、そんな乱暴な、というニュアンスに聞こえているのではありませんか。

　確かに全国学力テストを利用すると、得点の低い中学にとっては、その内申点はより低い点に換算されていくでしょうから、そのプレッシャーは学校長にとってかなりの重圧です。

　静岡県などでも話題になった全国学力テストの学校別成績公表以上に、高校への選抜に直接影響するのですから、該当する低位中学にならぬよう少なくとも担任団や、校長は必死に全国学力テスト対策に血道をあげるのではないでしょうか。

　文科省は、全国学力テストの「生徒の学習到達度を把握し、指導改善に役立てる」という用途と異なり、選抜試験に活用する、とあっては、「用途」違反と言いたいでしょう。

　また、全国学力テストは国語・数学についてはデータ化されますが、他教科については実施されていません。実施の2教科で少なくとも主要5教科の成績を代表できるのか、とも思います。

　ただそれでも、できるだけ学校間のバラツキが軽減する方法として、その利用比率を下げる、という東京都の簡便な方法に比べて、大阪府の方針は、学力そのものに向きあおうとしているだけ、その意気を買いたい、とも思います。

　文科省は、初めから対決姿勢ではなく、背後にある根本的な問題を理解して、抜本的な解決策を探るべきでしょうし、大阪府は全国学力テストで測られる到達度評価そのものの活用をいうなら、選抜に利用するとすれば、こうした換算率になる、と警告用に利用して、選抜用に大阪府・市一体の到達度評価テストを作るような活用法もあるのではないか、と思います。

　というのも5教科を2教科で代表させるのはまあ妥当といえなくもないのですが、むしろ学力テストの得点をあげないと、いい高校に入れないぞ、という教員の声が聞こえてきそうな制度というのは、とても教育的とは言えないと思うのです。

　正答率比較という教育技術を教育的に利用するとすれば、やはりそれを内申に換算すれば……とやれば、生徒が頑張るきっかけになるのも事実ですから、それは1つの利用法というものです。

　そのうえで、本当の選抜用の到達度評価テストを用意してほしいところです。生徒もきっと追い込みをかけて頑張るでしょう。

　こうして、問題のある内申の扱いに、入試の場で、それも東京と大阪という2大都市で変化が生じようとしているのはいいことだと思います。それだけだれがみても、いまの内申には問題があるのです。

外部テストを英語入試に適用する方策も進めるべき

　ところで英語については、大学入試の方で、外部テストで代替できるということが方針として表明されています。

　そうであるなら、高校入試においても英語については外部テストの利用を進めてほしいものです。

　さらに一歩進める手段として、帝京ロンドン中学・高校生校で行われているＣＢＴ（コンピューターを利用したテスト）の中間・期末の定期テストへの活用例は参考になりました。生徒が一斉にコンピュータ室に入り、英語の外部テストのＣＢＴを受検するのです。先生は中間・期末の定期テストは作成しません。

　生徒がコンピュータに向かって話したり、キーボードを打ったりするだけで、ＴＯＥＦＬとかＩＥＬＴＳ（アイエルツ）とか……の得点が4～5日で細かい評価とともにデータとして戻ってきます。これはある教育産業の英語能力評価ＣＢＴテストですが、よくできているのです。

　英語だけでもそういった外部テスト利用に高校入試も変えていくべきですね。また、一方で、文科省の学力テストも中学卒業認定到達度テストとしての性格を明確にできれば内申問題はむしろ解決するはずですが、そこまで踏み込んだ政策になる現実的なプログラムはいまのところ見当たらないように思います。

　絶対評価で大切なことは、学内評価より、学外とのコンクールやコンテストに、学内のチームで対抗戦に出て実績をあげることが、なによりの評価です。

　おそらくそれは教科というより、教科をこえたクイズかなにか総合的なものとなるでしょう。

私立INSIDE

埼玉私立高校の補助金は全国トップクラス

前号のこのコーナーでは、私立高校と公立高校の学費の違いを特集しました。そのなかで、現在は私立高校への国や県の補助金、支援金が充実してきていることを述べました。なかでも埼玉県の私立高校に対する補助金は全国でもめだった存在です。今回は埼玉私立高校の学費軽減を考えます。

国の支援と埼玉県の補助で総額全国4位の充実度

埼玉県の私立高校生に対する補助金、支援金が充実していることは、よく聞かれるところですが、実際にはどのような内容なのでしょうか。

数字でいえば全国4位だということですから、全国トップクラスといっていいでしょう。

では、どれぐらいの支援があり、どのように支給されているのでしょうか。ここでは少し掘り下げて研究してみたいと思います。

なお、ここでは全日制高校についての金額を掲載しています。

私立高校に在学している生徒、その保護者には、まず国からの授業料支援金が年収に応じて支給されています。これは公立高校在学生徒に年収に応じて支給される支援金との、公私格差を埋めるために、2014年度からできた新制度です。

【表1】を見てください。国の支援金については、「授業料」のうち中央タテの列、「国の支援金」で示しています。

埼玉県に在住し、埼玉県の私立高校に通学する生徒には、国からの支援金に加え、埼玉県独自の上乗せ補

【表1】埼玉県内私立高校生に対する、平成27年度（新1年生・新2年生）埼玉県独自の父母負担軽減事業補助と国の就学支援金（1人あたり）

	区分	授業料			入学金
		県独自の補助	国の支援金	合計支給額	県独自の補助
全日制私立高校生	家計急変・生活保護世帯	授業料全額－就学支援金	就学支援金	授業料全額	100,000円
	年収約250万円未満	78,000円	297,000円	375,000円	100,000円
	年収約350万円未満	137,400円	237,600円	375,000円	100,000円
	年収約500万円未満	196,800円	178,200円	375,000円	100,000円
	年収約590万円未満	71,800円	178,200円	250,000円	100,000円
	年収約609万円未満	131,200円	118,800円	250,000円	100,000円
	年収約910万円未満	0円	118,800円	118,800円	－

【表2】埼玉県内私立高校生に対する、その他納付金（施設費等）への補助金（1人あたり）

	区分	支給額（県独自の補助）
全日制私立高校生	家計急変・生活保護	その他納付金全額
	年収約350万円未満	200,000円

【表3】埼玉県内私立高校生に対する、奨学のための給付金（1人あたり）

	区分		支給額（県独自の補助）
全日制私立高校生	生活保護		52,600円
	年収約250万円未満	第1子	39,800円
		第2子以降	138,000円

助がなされます。それが【表1】の「授業料」左タテ列の金額です。これによって、埼玉私立高校生の学費は相当軽減されるようになりました。

「授業料」の右タテ列にある「合計支給額」は、国の支援金と埼玉県の補助金の合計ですが、国の支援金が減る年収ランクに対して、埼玉県が工夫して加算補助していることがよくわかると思います。

さらに、年収609万円未満の世帯には入学金も10万円が埼玉県から支援されますので、初年度学費が相当に軽減されることになります。

加えて埼玉県独自の支援として、【表2】で示すとおり、施設費等「その他納付金」に対する補助は、平成27年度の高校1・2年生が対象で、年収が約350万円未満の世帯については県内私立高校（全日制）の平均額である20万円（年額）までを補助しています。

また、生活保護世帯や家計が急変した世帯については全額を補助しています。

また、【表3】は、市町村民税所得割額が非課税相当の世帯を対象として支援を行う制度です。世帯の状況に応じて、授業料以外の教育費に必要な経費への支援として「奨学のための給付金」が支給されます。

これらを合計すると、年収の少ない家庭には67万5000円が支給されることとなり、私立高校の初年度費用をほぼまかなうことができます。

私立高校に入学後、これらの支援金、補助金を受け取るには以下のような手続きをします。

※国の支援金、県の補助金の説明は、入学後に入学した高校で行われます。

※申請書類等は各高校で配布され、各高校に提出します。

※各高校は支援金・補助金を代理受領し、それを保護者に支給します。

奨学金も充実 私立高校に十分入学可能に

埼玉県は、高等学校等に通う生徒を対象とした奨学金制度「埼玉県高等学校奨学金」を設けています。

この奨学金は貸与であり、高等学校を卒業したあとに必ず返還するものですが、国公立高校に通う生徒の保護者、私立高校に通う生徒の保護者からともに募集している奨学金です。ただ、金額は私立高校生に厚くなっています。

返還される奨学金は後輩の奨学金として再び活用する仕組みになっていますので、貸与を希望する人は奨学金の返還義務を十分理解したうえで申し込むことが条件となっています。

「埼玉県高等学校奨学金」は、私立高校生については、月額2万円、3万円、4万円の3種の奨学金が用意されています。

例えば月2万円ですと年間24万円で、前述の補助金、支援金と合わせれば、学費以上にあたり、かなり軽減されます。

奨学金の返済は高校卒業後4年半後からですので、大学を卒業してから月々5千円ずつ返済し、12年間で完済することになります。

学費以外に必要な、高校生活での経費についても、これらの奨学金があればまかなうことができ、家庭の経済事情が苦しい世帯の子弟であったとしても、行きたい私立高校へ入学し、充実した楽しい高校生活を過ごすことができることになります。

大人になって「自分の学費は自分で返す自立心を持つ、志の高い生徒」に入学してほしいとの、埼玉の私立高校の願いから設けられている奨学金です。

この奨学金の詳細は次の通りです。

●埼玉県高等学校奨学金

⑴対象者　次の①～③のすべてに該当する生徒

①高等学校等に在学していること

②保護者が埼玉県内に居住していること

③品行方正であって、学習意欲があり、経済的理由により修学が困難であること

⑵貸与額　次の金額から選択して貸与を受けることができます。

・入学一時金　25万円または10万円

・月額奨学金　2万円または、3万円または、4万円

※詳しくは埼玉県教育局教育総務部財務課　授業料・奨学金担当（電話048－830－6652）までお問い合わせを。

なお、このほかにも母子家庭や東日本大震災で被災した家庭への支援金などがあります。

学校がさまざまな支援制度 各校それぞれが独自の工夫

ここまでは、国の支援金や埼玉県からの補助金についてみてきましたが、これとは別に、埼玉県の私立高校はそれぞれに工夫した学費支援制度を設けています。

入学試験の成績優秀者に対する特待生制度、入学後の成績優秀者に対する奨学金制度、入学後でも、家庭の経済的急変に対する学費支援制度、スポーツや文化的な活動を支援するスポーツ特待生制度、文化活動特待生制度などです。

これらのほとんどは給付型で返済する必要がないのも特徴です。

また、育英奨学金貸付制度を独自に設けている学校もあり、さまざまな方法で多くの私立高校が入学する生徒を支援しています。

支援母体は、学校法人のほかにも同窓会や後援会などがあり、たくさんの個人や団体が支援の中心となっています。

このようにそれぞれの学校が、生徒に寄り添った工夫をしています。

極端な言い方ですが、この制度を利用できた場合、公立高校よりも教育費の負担が軽くなることさえあります。

特待生制度は 入試時の成績優秀生に適用

では、学校の支援について、1つひとつ見ていきましょう。

埼玉県のほとんどの私立高校には入学試験の成績優秀者に対して学費

を支援する「学業支援金制度」が設けられています。

　さらに一部の学校では「スポーツ特待生制度」や「文化活動特待生制度」もあります。

　ただ、学校によっては支援金額にランクが設けられている場合があります。

　ランクとは、例えば「学費全額を支給」「授業料のみを支給」「授業料の半額を支給」などに分かれているということです。

　支援金額が大きい学校では、大学受験のための講習会費用まで免除している学校もあります。

　なお、これらの制度がある学校でも、学年を経て継続支給を受けるための審査が厳しい場合がありますので付記しておきます。

これは特待生を続け、勉学に頑張ろうとするモチベーションにつながってほしいという学校側の期待からだとされています。

学校の奨学金制度は入学後の成績優秀生に適用

　埼玉の私立高校では、入学したあとの成績状況や、検定試験、理科系のオリンピックなどを頑張ることで、学費の支援が受けられる制度を持つ学校があります。

　入試時には成績優秀生ではなくとも、それからぐんぐんと成績を伸ばす生徒がたくさんいるからで、そのような、入学してのちの学業（成績）優秀生に対して学費を支援する奨学生制度を設けているわけです。

　これらの学校の奨学金は、ほとんどが学費の全額あるいは半額を支援する制度になっています。

　授業に積極的に取り組み、試験前の準備なども十分に行っていけば奨学生になれるので、多くの私立高校生がそれをモチベーションに変えて勉強に積極的に取り組んでいます。

　この学校からの奨学金制度は前ページにある「県の奨学金制度」とは違い、特待生制度と同じく返還義務のない給付型がほとんどです。

経済的困窮に対しても支援制度や貸与制度がある

　高校入学後に経済的に困った状態になった家庭に対しても、埼玉の私立高校は支援を行なっています。

　この制度では、学費全額だけでなく、修学旅行にかかる費用も支援している学校もあります。このように公立ではまかないきれない支援の制度が、私立高校にはあります。

　また、学費については、貸与の制度がある学校もあります。

　経済的に困った生徒に対し、学費全額ぶんや半額ぶんを利子を設けず貸与してくれる制度です。社会人になってから奨学金の返済を少しずつ行えばよい、という制度ですので安心して借りられますし、母校への返還ですから、返済の様子はきわめて真面目だということです。

　以上、今回は埼玉県の学費補助制度、また各私立高校の手厚い支援制度を見てきました。少なくとも埼玉県の私立受験生は、公立高校と比べての、学費の心配をすることはなさそうです。

首都圏公立高校で国公立大、早慶上理の合格率を伸ばしたのは

安田教育研究所　副代表　平松 享

今春、首都圏の高校から、国公立大や早慶上理に合格した件数を調べ、地域別、設置者別に5年前と比べました。

また、各校の合格件数を卒業生数で割って、「合格率」を出し、その値の高い公立校や、伸びの大きい学校を地域ごとに並べました。

※データは㈱大学通信が調べた資料から安田教育研究所が集計。順位等を含み数値は暫定的なものです。

首都圏で約6200件の増加

首都圏（東京、神奈川、千葉、埼玉）の高校から、「国公立大」、「早慶上理」（早稲田大、慶應義塾大、上智大、東京理科大）、「難関国立大」（東京大、京都大、一橋大、東京工大、北海道大、東北大、名古屋大、大阪大、九州大、東京医科歯科大、お茶の水女子大、東京外国語大、筑波大、神戸大）について、2010年と今春の合格件数（現浪計）と、伸び率を地域別、設置者別に左ページの【表1】にまとめました。

今春の国公立大への合格件数は、首都圏全体で1万7503件あり、2010年の1万4268件と比べて、約3200件増えて、5年前の123％に伸びています。

これに早慶上理の増加件数、約3000件を加えると、「国公立大」と「早慶上理」の5年間の増加件数は約6200件となり、合格件数の合計は5年前の114％に増大しています。

経済的な事情から東京の大学を受験する地方の高校生が減っていること、逆に、首都圏の高校生の目が、地方の国公立大学にも向けられるようになったことなど、原因はさまざまに考えられますが、首都圏では、この5年間に「大学合格力」を高める高校が、次々と現れてきたことは確かです。

難関国立大合格件数公立が私立を上回る

「国公立大」＋「早慶上理」の合格件数の増加の模様を、地域別に公立と私立に分けると、増加件数では、東京の私立が2124件増で最多、続いて東京の公立が1631件増、神奈川の公立は982件増となります。

ところが、増加率では、東京の公立が133％でトップ、続いて神奈川の公立が124％、東京の私立は114％で3位と、順位が入れ替わります。

さらに「難関国立大」では、東京の公立が392件増と、私立の増加件数380件増を抑えてトップに立ちました。

首都圏全体の増加件数でも、公立が757件増と私立の587件増を大きく上回っています。

私立の多くは中高一貫の学校で、高校募集をしない6年一貫の学校です。

【表1】首都圏4都県の難関大合格件数増減率

所在地	設置者	国公立早慶上理					難関国立大学				
		10年	⇒	15年	増減	率	10年	⇒	15年	増減	率
合　計	国　立	1591	⇒	1714	123	108%	393	⇒	394	1	100%
	公　立	16621	⇒	19611	2990	118%	1730	⇒	2487	757	144%
	私　立	27147	⇒	30243	3096	111%	3254	⇒	3841	587	118%
	合　計	45360	⇒	51568	6208	114%	5377	⇒	6722	1345	125%
埼　玉	公　立	3942	⇒	4134	192	105%	469	⇒	552	83	118%
	私　立	3026	⇒	3274	248	108%	261	⇒	305	44	117%
	合　計	6973	⇒	7415	442	106%	733	⇒	861	128	117%
千　葉	公　立	3548	⇒	3733	185	105%	368	⇒	463	95	126%
	私　立	2929	⇒	3284	355	112%	327	⇒	422	95	129%
	合　計	6478	⇒	7019	541	108%	696	⇒	887	191	127%
東　京	国　立	1585	⇒	1705	120	108%	389	⇒	388	－1	100%
	公　立	5001	⇒	6632	1631	133%	568	⇒	960	392	169%
	私　立	15235	⇒	17359	2124	114%	1957	⇒	2337	380	119%
	合　計	21821	⇒	25698	3877	118%	2914	⇒	3685	771	126%
神奈川	公　立	4130	⇒	5112	982	124%	325	⇒	512	187	158%
	私　立	5957	⇒	6326	369	106%	709	⇒	777	68	110%
	合　計	10088	⇒	11446	1358	113%	1034	⇒	1289	255	125%

合計には埼玉千葉の国立校各1校と東京神奈川の校名不明の合格者10年1名、15年10名を含む

しかし、公立のほとんどは高校募集だけを行う学校で、3年間の学習で、これだけの成果をあげていることになります。

増加率では、東京の公立が5年前の169%に、神奈川の公立も158%と、驚異的な伸びを示しました。

東京、神奈川では、公立への進学支援策が実りの時期を迎えていること、加えて公立中高一貫校の合格実績が膨らんできたことなどが背景にはあります。

「合格率」50%超 首都圏に44校

次に、合格件数を、卒業生数で割った「合格率」で比べてみましょう。

首都圏の公立校で「国公立大」＋「早慶上理」の「合格率」を高い学校の順に並べると、次のようになりました（「合格率」40%以上）。

《順位、学校名、「合格率」、うち「難関国立大」合格件数》

東京

①日比谷（186%、112件）
②西（185%、122件）
③小石川中等教育学校（142%、34件）

④戸山（141%、77件）
⑤国立（135%、118件）
⑥青山（124%、49件）
⑦八王子東（113%、57件）
⑧立川（99%、59件）
⑨両国（90%、27件）
⑩都立武蔵（89%、35件）
⑪新宿（84%、31件）
⑫桜修館中等教育学校（82%、22件）
⑬九段中等教育学校（75%、16件）
⑭小山台（73%、24件）
⑮国分寺（64%、23件）
⑯立川国際中等教育学校（64%、14件）
⑰大泉（54%、5件）
⑱駒場（48%、15件）
⑲小松川（45%、14件）
⑳三田（41%、5件）

神奈川

①湘南（162%、92件）
②横浜翠嵐（120%、92件）
③相模原中等教育学校（106%、26件）
④柏陽（99%、37件）
⑤横須賀（79%、18件）
⑥厚木（74%、35件）
⑦小田原（72%、27件）
⑧川和（71%、23件）
⑨平塚江南（69%、20件）
⑩平塚中等教育学校（67%、9件）
⑪希望ケ丘（67%、8件）
⑫市立横浜サイエンスフロンティア（66%、22件）
⑬横浜緑ケ丘（64%、9件）
⑭県立相模原（61%、9件）
⑮多摩（49%、16件）
⑯光陵（45%、10件）

埼玉

①県立浦和（165%、139件）
②春日部（114%、55件）
③大宮（108%、91件）
④県立川越（105%、63件）
⑤浦和第一女子（89%、30件）
⑥市立浦和（68%、33件）
⑦川越女子（54%、29件）
⑧熊谷（47%、21件）

千葉

①県立千葉（203%、122件）
②県立船橋（144%、96件）
③東葛飾（123%、73件）
④千葉東（89%、48件）
⑤佐倉（63%、17件）
⑥薬園台（60%、9件）
⑦佐原（46%、16件）
⑧市立千葉（43%、6件）

東京、神奈川では、進学指導重点校など、都や県、市などから特別に指定された学校が多く並んでいますが、指定を受けていない学校も、これに触発されるように実績を高める傾向が見えてきました。**【表2】**では、2010年と比べて、「合格率」や合格件数がどのように推移したか、「合格率」の伸びの大きい順に、私立や国立といっしょに並べました。受験校選びの参考にしてください。

【表2】首都圏４都県の難関大合格件数過去５年の伸び率が高かった学校

伸び率	国公立早慶上理合格率			高校名	設置者	国公立早慶上理合格件数			難関国立大合格件数		
	10年	⇒	15年			10年	⇒	15年	10年	⇒	15年
東京											
89.7%	5%	⇒	94%	東京学芸大国際中等教育	国	3	⇒	117	1	⇒	20
72.0%	3%	⇒	75%	九段中等教育	公	4	⇒	109	0	⇒	16
62.9%	105%	⇒	167%	武蔵	私	183	⇒	278	56	⇒	75
61.7%	20%	⇒	82%	桜修館中等教育	公	33	⇒	124	0	⇒	22
54.0%	3%	⇒	57%	宝仙学園	私	4	⇒	70	1	⇒	4
53.5%	3%	⇒	56%	広尾学園	私	5	⇒	156	1	⇒	8
53.3%	72%	⇒	126%	吉祥女子	私	187	⇒	356	21	⇒	46
51.2%	93%	⇒	144%	暁星	私	161	⇒	251	27	⇒	39
50.6%	13%	⇒	64%	立川国際中等教育	公	42	⇒	99	2	⇒	14
43.9%	98%	⇒	142%	小石川中等教育	公	156	⇒	223	15	⇒	34
43.8%	11%	⇒	55%	聖ドミニコ学園	私	9	⇒	44	1	⇒	1
41.4%	35%	⇒	76%	共立女子	私	121	⇒	220	7	⇒	19
40.5%	100%	⇒	141%	戸山	公	325	⇒	444	39	⇒	77
37.2%	3%	⇒	40%	かえつ有明	私	4	⇒	65	0	⇒	2
36.3%	87%	⇒	124%	青山	公	249	⇒	340	33	⇒	49
35.5%	49%	⇒	84%	新宿	公	151	⇒	261	14	⇒	31
34.5%	65%	⇒	99%	立川	公	200	⇒	317	23	⇒	59
34.2%	186%	⇒	220%	筑波大附属駒場	国	295	⇒	345	123	⇒	130
33.9%	2%	⇒	36%	東京都市大等々力	私	1	⇒	57	0	⇒	3
33.1%	40%	⇒	73%	小山台	公	111	⇒	200	10	⇒	24
31.8%	108%	⇒	140%	鷗友学園女子	私	256	⇒	376	27	⇒	47
31.3%	154%	⇒	185%	西	公	482	⇒	606	78	⇒	122
31.3%	33%	⇒	64%	東京都市大付属	私	78	⇒	156	2	⇒	8
31.0%	158%	⇒	189%	豊島岡女子学園	私	579	⇒	649	73	⇒	91
30.4%	154%	⇒	184%	世田谷学園	私	324	⇒	368	28	⇒	23
29.2%	15%	⇒	45%	小松川	公	43	⇒	140	2	⇒	14
28.5%	40%	⇒	69%	学習院	私	80	⇒	136	8	⇒	14
27.0%	21%	⇒	48%	淑徳	私	74	⇒	164	6	⇒	9
26.8%	62%	⇒	89%	都立武蔵	公	203	⇒	175	12	⇒	35
26.1%	128%	⇒	154%	本郷	私	402	⇒	467	36	⇒	46
25.7%	15%	⇒	41%	三田	公	43	⇒	112	4	⇒	5
24.8%	54%	⇒	79%	田園調布学園	私	109	⇒	147	9	⇒	12
23.8%	13%	⇒	36%	東京農大一	私	49	⇒	135	2	⇒	11
23.1%	26%	⇒	49%	品川女子学院	私	53	⇒	96	2	⇒	7
23.1%	28%	⇒	51%	青稜	私	84	⇒	171	7	⇒	9
22.9%	67%	⇒	90%	両国	公	135	⇒	172	9	⇒	27
22.8%	115%	⇒	138%	頌栄女子学院	私	242	⇒	301	21	⇒	28
22.3%	16%	⇒	38%	白鷗	公	38	⇒	90	3	⇒	9
22.2%	40%	⇒	62%	成城	私	127	⇒	156	9	⇒	15
21.3%	7%	⇒	28%	実践女子学園	私	20	⇒	73	1	⇒	1
20.8%	6%	⇒	26%	香蘭女学校	私	10	⇒	41	0	⇒	0
20.3%	108%	⇒	128%	晃華学園	私	156	⇒	179	20	⇒	22
20.1%	135%	⇒	155%	雙葉	私	237	⇒	283	32	⇒	44
17.6%	53%	⇒	70%	東洋英和女学院	私	100	⇒	130	12	⇒	14
17.2%	119%	⇒	136%	帝京大学	私	164	⇒	238	11	⇒	19
16.3%	35%	⇒	52%	大妻多摩	私	52	⇒	91	4	⇒	7
16.1%	24%	⇒	40%	武蔵野北	公	58	⇒	96	2	⇒	7
15.8%	66%	⇒	82%	高輪	私	147	⇒	192	13	⇒	16
15.4%	19%	⇒	34%	聖心女子学院	私	24	⇒	42	2	⇒	3
15.2%	142%	⇒	157%	渋谷教育学園渋谷	私	269	⇒	323	31	⇒	66
15.0%	32%	⇒	47%	東大附属中等教育	国	35	⇒	54	10	⇒	13
14.9%	3%	⇒	18%	墨田川	公	11	⇒	57	0	⇒	1
14.3%	0%	⇒	14%	多摩科学技術	公	0	⇒	30	0	⇒	3
14.0%	6%	⇒	20%	東洋	私	27	⇒	64	2	⇒	9
13.9%	6%	⇒	20%	安田学園	私	27	⇒	47	1	⇒	5
13.8%	12%	⇒	26%	北園	公	38	⇒	81	3	⇒	5
13.8%	18%	⇒	32%	町田	公	68	⇒	88	6	⇒	6
13.4%	4%	⇒	18%	朋優学院	私	18	⇒	89	1	⇒	5
13.3%	8%	⇒	21%	大妻中野	私	19	⇒	51	4	⇒	1
13.2%	20%	⇒	33%	山脇学園	私	48	⇒	76	1	⇒	2
13.1%	1%	⇒	14%	東京女子学園	私	1	⇒	20	0	⇒	2
12.9%	8%	⇒	21%	調布北	公	18	⇒	49	1	⇒	2
12.9%	14%	⇒	27%	三輪田学園	私	22	⇒	44	0	⇒	1
12.2%	13%	⇒	25%	京華	私	29	⇒	56	3	⇒	7
12.1%	136%	⇒	148%	芝	私	378	⇒	413	42	⇒	53
11.9%	0%	⇒	12%	総合芸術	公	0	⇒	19	0	⇒	2
11.0%	27%	⇒	38%	学習院女子	私	53	⇒	73	6	⇒	8
10.4%	44%	⇒	54%	大泉	公	122	⇒	110	6	⇒	5
10.1%	24%	⇒	34%	錦城	私	131	⇒	168	13	⇒	18
9.8%	24%	⇒	34%	富士	公	76	⇒	67	2	⇒	4
9.2%	5%	⇒	15%	佼成学園女子	私	9	⇒	27	0	⇒	2
9.2%	2%	⇒	11%	京華女子	私	3	⇒	14	0	⇒	0
9.1%	117%	⇒	126%	巣鴨	私	306	⇒	312	41	⇒	53
神奈川											
74.6%	31%	⇒	106%	相模原中等教育	公	74	⇒	161	5	⇒	26
67.3%	0%	⇒	67%	平塚中等教育	公	0	⇒	99	0	⇒	9
66.0%	0%	⇒	66%	市立横浜サイエンスフロンティア	公	0	⇒	155	0	⇒	22
51.8%	60%	⇒	112%	洗足学園	私	175	⇒	267	19	⇒	31
47.0%	118%	⇒	165%	公文国際学園	私	184	⇒	254	27	⇒	30
42.1%	50%	⇒	92%	神奈川大附属	私	125	⇒	193	9	⇒	23
33.9%	105%	⇒	139%	逗子開成	私	276	⇒	372	25	⇒	42
31.8%	130%	⇒	162%	湘南	公	411	⇒	581	49	⇒	92
30.7%	70%	⇒	101%	湘南白百合学園	私	116	⇒	166	9	⇒	11
27.9%	39%	⇒	67%	希望ケ丘	公	123	⇒	184	6	⇒	8
22.2%	103%	⇒	125%	フェリス女学院	私	193	⇒	227	12	⇒	41
20.0%	5%	⇒	25%	神奈川学園	私	9	⇒	44	0	⇒	2
19.7%	28%	⇒	48%	森村学園高等部	私	55	⇒	86	2	⇒	6
15.6%	45%	⇒	61%	県立相模原	公	124	⇒	169	7	⇒	9
14.2%	15%	⇒	29%	大和	公	42	⇒	82	2	⇒	5
13.8%	19%	⇒	33%	神奈川総合	公	44	⇒	82	6	⇒	7
13.7%	66%	⇒	79%	横須賀	公	179	⇒	221	15	⇒	18
13.5%	191%	⇒	205%	浅野	私	507	⇒	549	84	⇒	102
12.6%	17%	⇒	29%	南	公	52	⇒	57	1	⇒	3
11.6%	3%	⇒	15%	弥栄	公	10	⇒	46	2	⇒	0
10.1%	62%	⇒	72%	桐光学園	私	394	⇒	401	41	⇒	44
9.4%	4%	⇒	13%	横浜女学院	私	7	⇒	24	0	⇒	4
9.0%	3%	⇒	12%	東	公	6	⇒	31	0	⇒	0
千葉											
42.3%	96%	⇒	138%	市川	私	486	⇒	613	47	⇒	85
31.0%	186%	⇒	217%	渋谷教育学園幕張	私	635	⇒	745	110	⇒	150
29.8%	30%	⇒	60%	薬園台	公	97	⇒	191	3	⇒	9
27.8%	107%	⇒	134%	東邦大付属東邦	私	452	⇒	481	52	⇒	67
26.4%	118%	⇒	144%	県立船橋	公	449	⇒	462	57	⇒	96
20.2%	80%	⇒	100%	昭和学院秀英	私	221	⇒	364	16	⇒	31
15.7%	188%	⇒	203%	県立千葉	公	599	⇒	651	89	⇒	122
12.2%	110%	⇒	123%	東葛飾	公	405	⇒	445	61	⇒	73
11.4%	35%	⇒	46%	佐原	公	114	⇒	154	10	⇒	16
10.3%	18%	⇒	28%	稲毛	公	58	⇒	90	3	⇒	8
10.1%	24%	⇒	34%	麗澤	私	58	⇒	86	6	⇒	7
9.0%	5%	⇒	14%	千葉日大第一	私	18	⇒	53	0	⇒	4
8.8%	20%	⇒	29%	船橋東	公	64	⇒	93	3	⇒	8
埼玉											
65.3%	0%	⇒	65%	開智未来	私	0	⇒	47	0	⇒	5
24.4%	76%	⇒	100%	開智	私	420	⇒	579	44	⇒	65
22.2%	113%	⇒	136%	浦和明の星女子	私	144	⇒	236	14	⇒	33
21.1%	28%	⇒	49%	淑徳与野	私	134	⇒	180	9	⇒	19
19.0%	22%	⇒	41%	大宮開成	私	95	⇒	228	5	⇒	15
17.9%	50%	⇒	68%	市立浦和	公	161	⇒	213	14	⇒	33
14.7%	100%	⇒	114%	春日部	公	359	⇒	413	39	⇒	55
11.0%	14%	⇒	25%	浦和西	公	51	⇒	91	0	⇒	8
10.9%	7%	⇒	18%	和光国際	公	22	⇒	57	1	⇒	3
10.8%	28%	⇒	39%	蕨	公	104	⇒	160	8	⇒	10
10.1%	78%	⇒	89%	浦和第一女子	公	288	⇒	327	45	⇒	30
9.6%	155%	⇒	165%	県立浦和	公	558	⇒	591	109	⇒	139

高校入試の基礎知識

首都圏公立入試の行方を大阪の入試改革から占う

大阪府では、来春、公立高校入試制度の大幅な改善を行います。今回、首都圏に次ぐ大都市圏・大阪で実施される大きな改革は、今後、首都圏各都県の公立高校入試にも、多くの影響を与えていくものと思われますので、ここで、その内容をお知らせしておきます。

話題の大阪府でも公立高校は1回入試へ

公立高校入試は、正確には「入学者選抜」と呼ばれますが、ここでは「入試」という言葉で統一して記していきます。

この夏、大阪府教育委員会が「全国学力テスト」の結果を、高校入試の内申点評価に活用するというニュースがマスコミをにぎわしました。

8月の発表では、とりあえず来春の２０１６年度（平成28年度）入試では、これを実施することになりましたが、文部科学省は再来年以降は認めない方針です。

この「全国学力テスト」活用に目がいきがちですが、大阪の入試改革は、このことにとどまらず、さまざまな点が改められます。

先月号のこの欄でも扱いましたが、首都圏では、埼玉が２０１２年度（平成24年度）に、神奈川が翌２０１３年度に、それまで2回のチャンスがあった入試制度を1回入試に変更しました。東京は、複数回入試を維持していますが、２０１３年度（平成25年度）に推薦入試を改善、来春の２０１６年度（平成28年度）には一般入試を改善します。

首都圏では、千葉を含めて公立高校入試改革は、これでいったん落ち着き、数年は制度を維持すると見られます。

しかし、今回紹介する大阪の大規模な入試改善には、強いインパクトが感じられます。首都圏のみならず、今後、全国の公立高校入試を占ううえで、その方向性は参考になると思います。

学区撤廃から始まった大阪府の公立入試改革

大阪の公立高校入試改革は、すでに数年かけて行われています。昨2014年度（平成26年度）には学区が撤廃されました。過去、9学区から4学区に減らされ、ついに昨年の入試からは学区がなくなったところです。

普通科への進学を希望する受検生には、高校選択の範囲が一気に広がった形となり、優秀な生徒は、より優秀な学校に集まるようになる改革といえます。

全国的に、公立高校ではそれぞれ特色を打ち出し、独自の教育を標榜する学校が多くなっています。

受験生が自分に適した高校を選ぶチャンスが用意されるようになってきたのです。公立高校志望でも、自分の将来を主体的に考えて高校を選び、高校生活を充実したものにできるようになった、とも言えます。

通いやすい近くの公立高校に、という考えではなく、視野を広げてさまざまな高校の魅力を調べ、自分が進みたい道を見つけようとする中学生を増やそうというところに、大阪府教委の狙いがあるものと思われます。そのような生徒が集まった学校は、より活発な学校へと発展していくことは目に見えているからです。

英語は「書く・聞く」力を重視した検査問題へ

これに続く、大阪の来春入試からの最も大きな変更点は、前期・後期の2回入試から、原則として一般選抜の1回入試にすることです。

別途「特別選抜」という入試がありますが、ごく一部の学科に限られますので、ほぼ全校、全学科で1回入試となります。

この1回入試への変更については、首都圏の公立入試改革を追随した形となりますが、このほかの改善点に、見るべき変更点が多くあります。その変更のコンセプトは「学力重視」にあります。

学力検査の方法では、この春までは前期3教科×各50点満点、後期5教科×各70点満点だったのですが、来春以降は1回の入試機会で5教科×各90点満点になります。内申書の評価を含めて900点満点ですから、そのうちの半分450点が学力検査で占められることになりました。

また、このうちの国語、数学、英語の3教科には3種類の問題が用意され、各高校がそのなかから1種類を選んで実施します。

3種類の問題とは、「基礎的問題」「標準的問題」「発展的問題」の3つです。当然、難易度順となっており、難関校は「発展的問題」を選ぶことになります。

英語では、この3種とともにリスニングが課せられ、検査時間40分のうちの15分間があてられます。これは全国的にみても、英語の「聞き取り」に重きを置いたものです。他県では、全50分のうちの10分間がリスニング、というのが一般的だからです。

大阪の英語では、さらに2017年度（平成29年度）から「書く・聞く」に力を入れた問題にしていく、とすでに公表されています。その年から、問題文も、指示文を含め、すべて英語で構成するとのことです。（注釈語にのみ日本語使用）。

大阪の「書く力」「聞く力」に重きをおいた入試は、その検証を経て他都県にも波及していく可能性は高いと言っていいでしょう。

また、数学の「発展的問題」では、検査時間が長く、じつに60分です。記述式が多くなっている東京都立進学重点校の共同作成問題でも50分です。大阪の数学の発展的問題は、記述式が多くなることに加え、思考力や表現力も問われる問題になっていくのでしょう。

国語についていえば、3種類すべての問題で「短文ではなく、一定量以上の文章を書く問題を出題する」とされています。

これは、この春まで課されていた小論文がなくなるための措置とも言えますが、中学校の学習指導要領にある「書くこと」の指導事項にある2項目、「伝えたい事実や事柄について、自分の考えや気持ちを根拠を明確にして書くこと」や「論理の展開を工夫し、資料を適切に引用するなどして、説得力のある文章を書くこと」を意識した問題になっていくということです。とくに「発展的問題」では、かなり内容の濃い記述式の問題が出されるものと思われます。

3種類の共同作成問題で生徒の学力を測る

さて、各校が3種のどの問題を使用するかがすでに発表されています。普通科の設置校（105校）では、「基礎的問題」がおよそ20％、「標準的問題」が同60％、「発展的問題」が同20％となっています。

教科別にみると、数学では、基礎的問題を選んだ学校が多く、発展的問題を使用する学校数は国語・英語と比較して少なくなっています。初めての採用でもあり、やはり60分の本格的な学力検査を選ぶのは、学校側からみても勇気がいることだったのかもしれません。

3種類の問題を作り、学校がそれを採用する。形を変えた共同作成問題です。

共通問題方式を採用して難易度をあげ、思考力や判断力、表現力などを重視するのは、首都圏を筆頭にした全国的な動きといえますが、大阪では組織的に共通の学力検査問題を使い分けることにしたわけです。

以上のような大阪の動きは、やがて首都圏の公立高校入試にも影響を与えるでしょう。いずれにしても学力検査でしっかり得点できる準備を進めるに越したことはありません。

8月号の答えと解説

問題 熟語パズル

心配事、大仕事などのように、○○事という三文字熟語を集めてみました。それぞれのヒントを参考に、リストの漢字を○に当てはめて16個の○○事を完成させましょう。最後に、リストに残った4つの漢字でできる四字熟語を答えてください。

1 ○○事（ぼくには関係ないかな）
2 ○○事（好ましくない事件。いまわしい事柄）
3 ○○事（山林の火災）
4 ○○事（形だけはまねていますが、本物にはとてもおよびません）
5 ○○事（気のないときにする、はっきりしない返事）
6 ○○事（炊事や洗濯など、水を使う仕事）
7 ○○事（本音と建前でいうと、建前の方）
8 ○○事（起こった事柄・事件）
9 ○○事（いつものごくありふれた事柄。日常○○事）
10 ○○事（大変だ！）
11 ○○事（絵で描いたように美化・誇張され、実際にはありえない話）
12 ○○事（県の行政の最高責任者）
13 ○○事（気になっています）
14 ○○事（肉体労働）
15 ○○事（秘密です）
16 ○○事（1856年、ハリスが下田でこれに着任しました）

【リスト】

一	火	絵	外	関	奇
空	県	山	仕	仕	似
出	緒	祥	心	真	人
水	生	想	総	他	大
知	茶	天	内	飯	不
返	来	領	力	麗	綺

解答 奇想天外

解説

1〜16の熟語は下の通りですから、リストには「外」「奇」「想」「天」の4つの漢字が残ります。

1 他人事　2 不祥事　3 山火事　4 真似事
5 生返事　6 水仕事　7 綺麗事　8 出来事
9 茶飯事　10 一大事　11 絵空事　12 県知事
13 関心事　14 力仕事　15 内緒事　16 総領事

「奇想天外」は「奇想、天外より落つ」の略で、「奇想」は奇抜な考え、「天外」ははるかかなたの空、思いもよらないところを意味します。そこから、普通では考えつかないほど奇抜であること、また、その様子という意味になります。

一方、問題にある三文字熟語、**7**「綺麗事」は、表面だけを立派にとりつくろうこと、見かけや口先だけ体裁を整えていることをいいます。

これと似た部分があるのが**11**の「絵空事」で、絵には美化や誇張が加わって、実際とは違っている場合が多いことから、大げさで現実にはあり得ないこと、誇張した表現を意味します。

9「茶飯事」は、「さはんじ」と読み、日ごろお茶を飲んだり食事をしたりするようなありふれた行為や出来事という意味です。「こんなことは日常茶飯事だ」などと用い、あまり好ましくない場合に使われます。

中学生のための 学習パズル

今月号の問題

単語パズル

アミダをたどって8組すべてが類義語のペアになるようにするには、ア～キの7本の縦線のうち、2本の線を除く必要があります。どの線とどの線を取り除けばよいでしょうか？ 記号で答えてください。

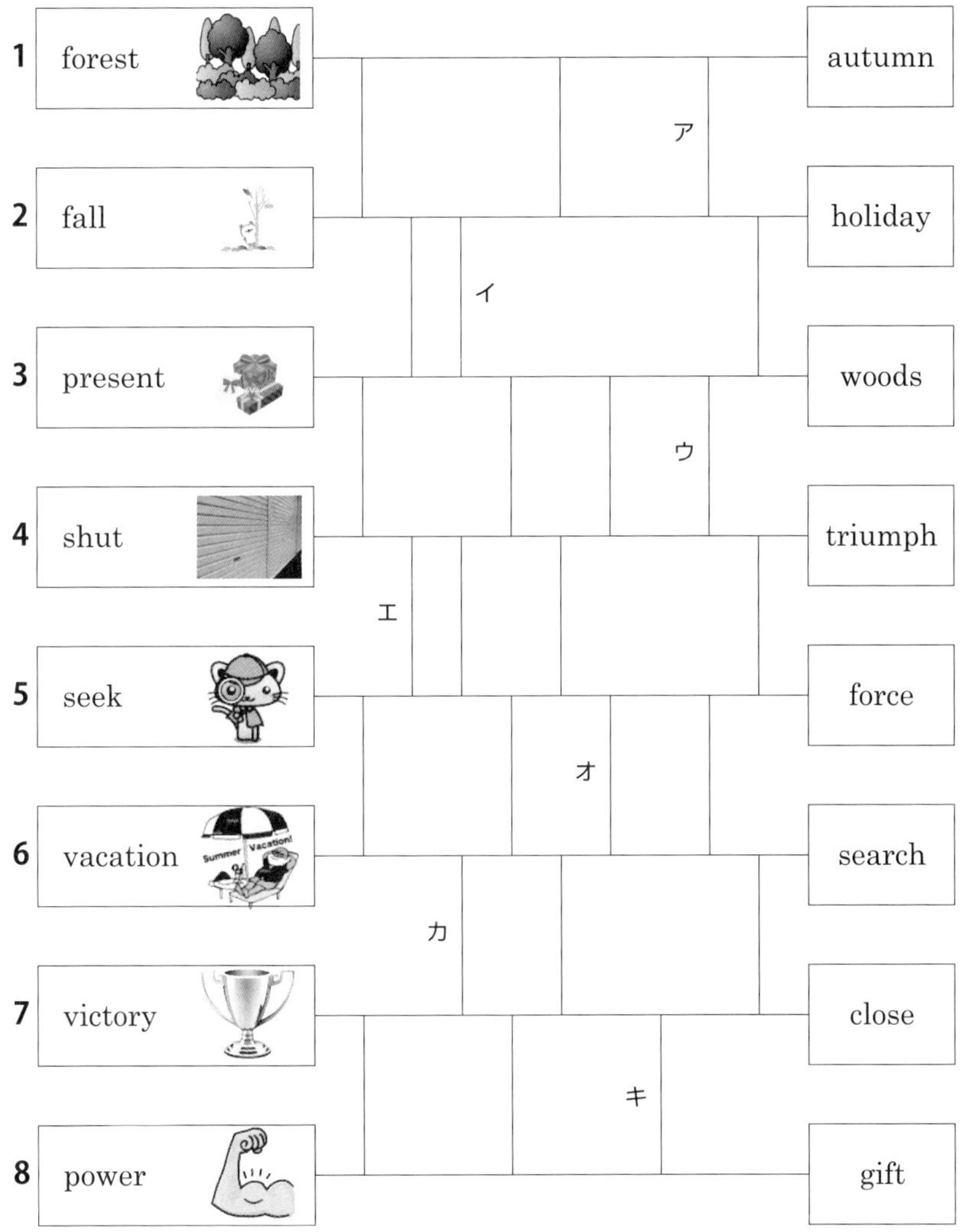

8月号学習パズル当選者

全正解者68名

高山　博美さん（東京都あきる野市・中3）

野々村　貴さん（千葉県柏市・中2）

阿部　序帥さん（埼玉県ふじみ野市・中1）

応募方法

●必須記入事項

01　クイズの答え
02　住所
03　氏名（フリガナ）
04　学年
05　年齢
06　右のアンケート解答

◎すべての項目にお答えのうえ、ご応募ください。
◎ハガキ・ＦＡＸ・e-mailのいずれかでご応募ください。
◎正解者のなかから抽選で３名の方に図書カードをプレゼントいたします。
◎当選者の発表は本誌2015年12月号誌上の予定です。

●下記のアンケートにお答えください。

A今月号でおもしろかった記事とその理由
B今後、特集してほしい企画
C今後、取り上げてほしい高校など
Dその他、本誌をお読みになっての感想

◆応募締切日 2015年10月15日（当日消印有効）

◆あて先

〒101-0047　東京都千代田区内神田2-4-2
グローバル教育出版　サクセス編集室
FAX：03-5939-6014
e-mail:success15@g-ap.com

に挑戦!!

東《とう》京《きょう》電《でん》機《き》大《だい》学《がく》高等学校

問題

放物線$y=ax^2$上に2点A，Bをとり，直線ABとx軸，y軸とが交わる点をそれぞれ，C，Dとします。3AC＝AB，点Aの座標が（－2，2），点Bのx座標が正であるとき，次の問いに答えなさい。

(1) aの値を求めなさい。

(2) 点Bの座標を求めなさい。

(3) 直線ABの方程式を求めなさい。

(4) 放物線$y=ax^2$上に点Pを△AOBの面積が△DOPの面積の2倍となるようにとるとき，そのような点Pの座標をすべて求めなさい。

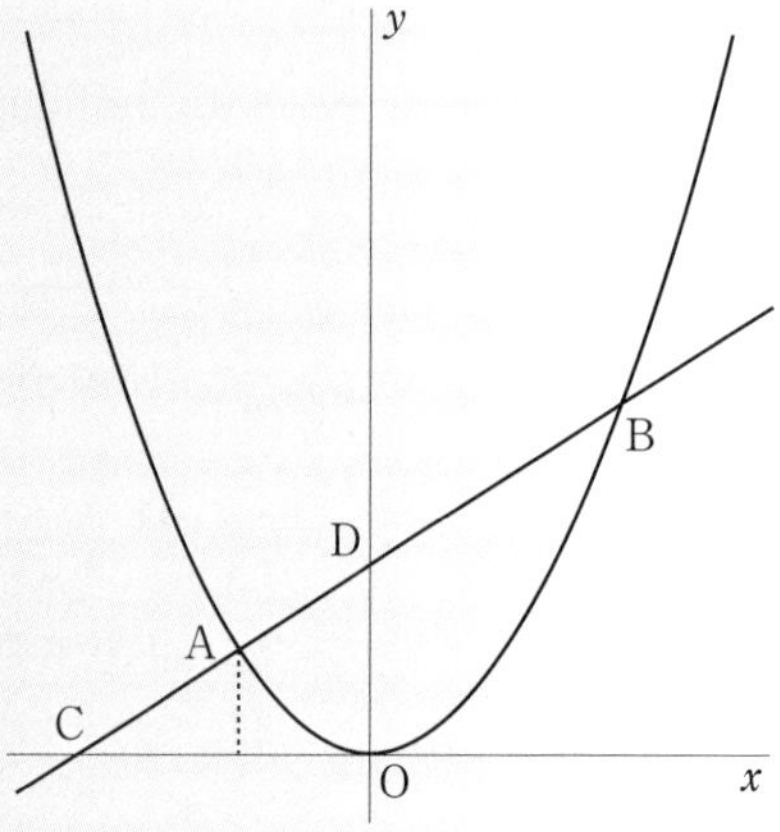

解答 (1) $a=\frac{1}{2}$　(2) B（4，8）　(3) $y=x+4$　(4) $\left(3,\ \frac{9}{2}\right)$，$\left(-3,\ \frac{9}{2}\right)$

■ 東京都小金井市梶野町4-8-1
■ JR中央線「東小金井駅」徒歩5分
■ 0422-37-6441
■ http://www.dendai.ed.jp/

学校説明会　申込制
すべて14：00～15：30
10月10日（土）　11月7日（土）
12月5日（土）

授業公開　申込制
11月11日（水）　10：00

TDU武蔵野祭（文化祭）
両日とも9：30～16：00
9月19日（土）　9月20日（日）
※ミニ説明会、入試質問室あり

日《ひ》出《で》学《がく》園《えん》高等学校

問題

次の各組の文がそれぞれほぼ同じ意味を表すように，空所を補うものとして最も適切な英単語を入れなさい。

(1) Our school is twenty years old.
Our school (　　) (　　) twenty years ago.

(2) I became sad to hear the news.
The news (　　) (　　) sad.

(3) Shall we take a walk after lunch?
How (　　) (　　) a walk after lunch?

(4) Aya didn't go to school yesterday.
Aya was (　　) (　　) school yesterday.

(5) My father went fishing and he is not at home now.
My father (　　) (　　) fishing.

解答 (1) was built　(2) made me　(3) about taking　(4) absent from　(5) has gone

■ 千葉県市川市菅野3-23-1
■ 京成線「菅野駅」徒歩5分、JR総武線「市川駅」徒歩15分またはバス
■ 047-324-0071
■ http://high.hinode.ed.jp/

学校見学会
9月16日（水）　16：30

学校説明会
10月3日（土）　14：00

入試説明会
11月14日（土）　14：00

日出祭
両日とも9：00～15：00
10月10日（土）　10月11日（日）

私立高校の　入試問題

城西《じょうさい》大学《だいがく》付属《ふぞく》川越《かわごえ》高等学校

問題

下の図のように，放物線 $y = ax^2$ 上に２点A（－４，－８），B（２，－２）があります。このとき，次の問いに答えなさい。

（1）a の値を求めなさい。

（2）直線ABの式を求めなさい。

（3）放物線 $y = ax^2$ と直線ABで囲まれた部分の内部には，x 座標，y 座標がともに整数となる点は何個ありますか。ただし，放物線上の点，直線上の点，放物線と直線の交点は含めないものとします。

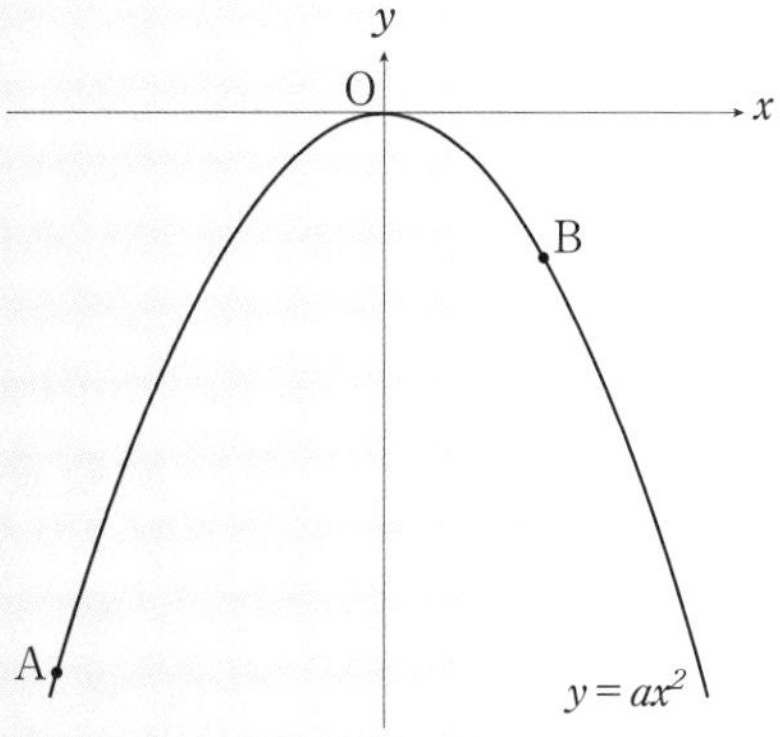

解答　（1）$a=-\frac{1}{2}$　（2）$y=x-4$　（3）14個

■ 埼玉県川越市山田東町1042
■ JR川越線・東武東上線「川越駅」、西武新宿線「本川越駅」、JR高崎線「桶川駅」、東武東上線・越生線「坂戸駅」スクールバス
■ 049-224-5665
■ http://www.k-josai.ed.jp/

学校説明会

9月26日（土）　14：30
10月24日（土）　14：30
11月14日（土）　9：30
11月28日（土）　14：30

オープンスクール

11月14日（土）　10：30
※体験授業あり

個別相談会

10月24日（土）　9：15
11月14日（土）　9：30
11月28日（土）　9：15

青《せい》稜《りょう》　高　等　学　校

問題

（　　）内の語を並べかえたとき、（　　）内の３番目と５番目に来る語句を記号で答えなさい。なお、文頭に来る語も小文字で始めています。

1.（ア.am　イ.tells　ウ.reading　エ.this　オ.I　カ.book）the story of Noguchi Hideyo.

2. It（ア.us　イ.to　ウ.for　エ.is　オ.important　カ.think）about peace.

3. He studied（ア.stay　イ.in　ウ.history　エ.during　オ.British　カ.his）London.

4.（ア.about　イ.the　ウ.Tom　エ.news　オ.surprised　カ.the earthquake）last night.

5.（ア.with　イ.is　ウ.this　エ.wrong　オ.there　カ.something）washing machine.

解答　1.3番目：オ、5番目：ウ　2.3番目：ウ、5番目：イ　3.3番目：エ、5番目：ア　4.3番目：ア、5番目：オ　5.3番目：カ、5番目：ア

■ 東京都品川区二葉1-6-6
■ 東急大井町線「下神明駅」徒歩1分、JR京浜東北線・りんかい線「大井町駅」徒歩7分、JR横須賀線「西大井駅」徒歩10分
■ 03-3782-1502
■ http://www.seiryo-js.ed.jp/

入試説明会

すべて14：00～15：30
10月３日（土）　10月31日（土）
11月14日（土）　11月28日（土）

青稜祭

9月20日（日）　10：00～15：00

みんなの
お便りコーナー

サクセス広場

テーマ 気になる大学

オックスフォード大です。先生1人に対して生徒が数人という超少人数で授業をやっているので困ったときに質問がしやすそうだから。あと、「ハリー・ポッター」の映画撮影で使われたという食堂に行ってみたい！
（中２・海外留学したい！　さん）

東京外国語大。英語も好きだけど、すごくマイナーな言語も勉強してみたいです！
（中２・夢は通訳さん）

北海道大！　なんか自由そうだし、楽しそう。あと、寮を学生たちで管理するっていうのもすごくいい！
（中１・北海道大好きさん）

「東大への架け橋」を読んでいると、勉強もできて、楽しそうで、**東京大**への憧れが強くなっています！
（中２・でも現実は…さん）

青山学院大です。いとこのお兄さんが大学のチャペルであげた結婚式に参加してから憧れています！
（中３・S.S.さん）

いとこが通っていて農場実習とかあって楽しそうなので、**東京農工大**が気になります。
（中２・N.S.さん）

テーマ 実際に体験した不思議な話

入学式で目があった瞬間に、**絶対仲良くなる！**　と感じた子がいました。実際にすぐに仲良くなって、いまでは大親友です。
（中３・フレンドさん）

１カ月ぐらい前のある朝、起きたらおでこからちょっと**血が出たあと**がありました。ベッドからダイブする夢は確かに見たんですけど、痛い記憶もないし、ちゃんとベッドで寝ていたし、いったいなにがあったんだろう？　いまだに謎です。
（中２・夢遊病？　さん）

通っている学校の池で**人面魚**を見ました。だれも信じてくれないんですけど、絶対にいます。ホントなんです。私も見たのは１回ですけど…。
（中１・人面人さん）

友だちにすごくそっくりな人を街で見かけたのに、人違いだった。これがいわゆる**ドッペルゲンガー**!?
（中２・ツインズさん）

よく、**夢で見たことが現実に起こる**んです。なのでいい夢なら嬉しいけど、悪い夢だとすごく心配になっちゃいます。
（中１・予言者!?　さん）

テーマ 憧れの告白は？

超ストレートに気持ちを伝えてほしいです！
（中３・人見知り）

好きな人はバンドをやってるので、**文化祭で発表する**ときに、観客の前で「○○が好きだー！」って大声で叫んでほしい！
（中３・未成年の告白さん）

ラブレターがほしいです！　もちろん、下駄箱に入れてもらいたい！
（中３・夢子さん）

体育館の裏に呼び出されて「ずっと好きでした」って言われたい！
（中３・恋に恋するお年頃さん）

誕生日が２月14日なので、**逆チョコ**がほしい！
（中１・ちょこちょこさん）

本の貸し借りをしてる相手から、**返ってきた本**に「好きです」って書いてある栞がはさまってたらときめくなあ。
（中２・図書委員ですさん）

必須記入事項

A／テーマ、その理由　B／住所　C／氏名
D／学年　E／ご意見、ご感想など

ハガキ、FAX、メールを下記までどしどしお寄せください!
住所・氏名は正しく書いてください!!
ペンネームは氏名のうしろに(　)で書いてネ!
【例】サク山太郎(サクちゃん)

宛先

〒101-0047　東京都千代田区内神田2-4-2
グローバル教育出版　サクセス編集室
FAX:03-5939-6014
e-mail:success15@g-ap.com

募集中のテーマ

「読書の秋におすすめの本」
「私のおじいさん、おばあさん」
「なかなか克服できないこと」

応募〆切 2015年10月15日

ここにメールしてね!!

success15

ケータイ・スマホから上のQRコードを読み取り、メールすることもできます。

Present!!　掲載された方には抽選で**図書カード**をお届けします!

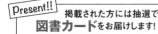

サクセス イベントスケジュール

9月～10月

世間で注目のイベントを紹介

印象派を生んだ画家の軌跡

マルモッタン・モネ美術館所蔵 モネ展 「印象、日の出」から「睡蓮」まで

9月19日(土)～12月13日(日)
東京都美術館

印象派の巨匠クロード・モネの展覧会。モネが晩年まで手もとに残していた作品を所蔵し、世界有数のコレクションを誇るフランス・パリのマルモッタン・モネ美術館のさまざまなモネの作品を見ることができる。なかでも、印象派という呼称の由来となった《印象、日の出》や、門外不出とも言われる《ヨーロッパ橋、サン＝ラザール駅》は貴重だよ。

クロード・モネ《印象、日の出》Musée Marmottan Monet, Paris © Christian Baraja(東京展での展示期間2015年9月19日～10月18日)

「モネ展」の招待券を5組10名様にプレゼントします。応募方法は下記を参照。

世界最大級、旅の祭典

ツーリズムEXPOジャパン 2015

9月26日(土)～9月27日(日)
東京ビッグサイト

ツーリズムEXPOジャパンは、海外旅行・国内旅行気分が味わえる楽しいイベントだ。世界各地の国や地域が、その土地の魅力をブースごとにアピール。ステージプログラムや各地の料理が味わえるフードコートもあり、1日では回りきれないほど充実した内容となっている。旅行の楽しさはもちろん、世界の広がりや文化の多様さを感じられるはず。

横山松三郎「丁髷の男と外国人」写真油絵・コラージュ　1882年(明治15)頃 個人蔵

「浮世絵から写真へ展」の招待券を5組10名様にプレゼントします。応募方法は下記を参照。

絵と写真が出会ったら…

浮世絵から写真へ ―視覚の文明開化―

10月10日(土)～12月6日(日)
東京都江戸東京博物館

幕末から明治にかけ、写真技術や油絵などの西洋の表現技術が日本に輸入されることで起こった「視覚の文明開化」をテーマとした展覧会が開催される。写真の登場により、浮世絵を代表とする日本の絵画に与えた影響や、日本美術と写真技術や西洋の表現技術の融合から生まれた泥絵・ガラス絵・写真油絵の紹介など、興味深い内容となっている。

《ヴァルチトランの遺宝》紀元前14世紀後半―紀元前13世紀初頭　金　ブルガリア、ヴァルチトラン出土　ソフィア国立考古学研究所・博物館 Photograph: National Institute of Archaeology with Museum - Sofia, Bulgaria

「黄金伝説展」の招待券を5組10名様にプレゼントします。応募方法は下記を参照。

永遠の輝きを放つ黄金

黄金伝説展 古代地中海世界の秘宝

10月16日(金)～1月11日(月祝)
国立西洋美術館

トラキア、エトルリア、ローマといった、地中海地域の古代文明の残した金製品と、金をテーマとした絵画を紹介する「黄金伝説展」。とても貴重な、6000年以上前の世界最古の金製品も展示され、長い年月を経ても永遠の輝きを放ち続ける黄金の美しさと魅力を存分に感じることができる。古代の人々も目にした黄金の輝きを、ぜひ見てほしい。

招待券プレゼント!　希望する展覧会の名称・住所・氏名・年齢・「サクセス15」を読んでのご意見ご感想を明記のうえ、編集部までお送りください(応募締切2015年10月15日必着　あて先は105ページ参照)。当選の発表は賞品の発送をもってかえさせていただきます。

“個別指導”だからできること × “早稲アカ”だからできること

- 難関校にも対応できる
- 弱点科目を集中的に学習できる
- 最終授業が20時から受けられる
- 早稲アカのカリキュラムで学習できる

広がる早稲田アカデミー個別指導ネットワーク

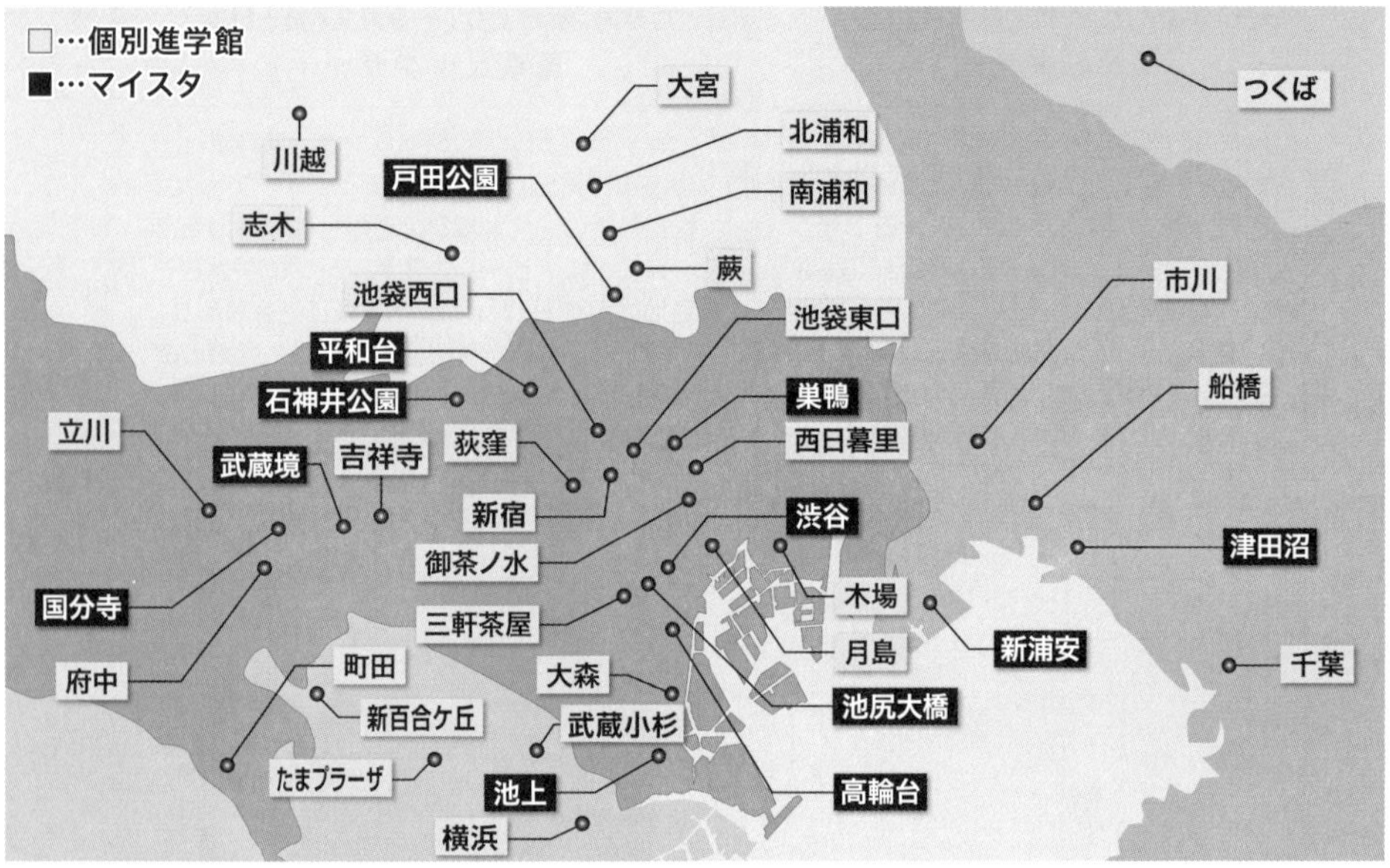

マイスタは2001年に池尻大橋教室・戸田公園教室の2校でスタートし、個別進学館は2010年の志木校の1校でスタートした、早稲田アカデミーの個別指導ブランドです。お子様の状況に応じて受講時間・受講科目が選べます。また、早稲田アカデミーの個別指導なので、集団授業と同内容を個別指導で受講することができます。マイスタは1授業80分で1:1または1:2の指導形式です。個別進学館は1授業90分で指導形式は1:2となっています。カリキュラムなどはお子様の学習状況、志望校などにより異なってきます。お気軽にお近くの教室・校舎にお問い合わせください。

悩んでいます… **中2**

クラブチームに所属していて、近くの早稲アカに通いたいのに、曜日が合わない科目があります。

解決します!

早稲アカの個別指導では、集団校舎のカリキュラムに準拠した指導が受けられます。数学だけ曜日があわないのであれば、数学だけ個別で受講することも可能です。もちろん、3科目を個別指導で受講することもできます。

悩んでいます… **中3**

中3ですが、英語は中2内容から不安があります。何とかしたいのですが、さかのぼって中2内容を勉強できますか?

解決します!

マイスタでは、あなたの定着度を分析してカリキュラムを作ります。中3であっても中2範囲がつまずきの原因であれば、その部分から学習をやり直すことが可能です。学年にとらわれず、一人ひとりに合わせたカリキュラムを提案させていただきます。

悩んでいます… **中3**

中2範囲の一次関数がとても苦手です。自分でやろうとしても分からないことだらけで…。

解決します!

個別指導では範囲を絞った学習も可能です。一次関数だけ、平方根だけなど、苦手な部分を集中的に学習することで理解を深めることができます。『説明を聞く→自分で解く』この繰り返しで、分かるをできるにかえていきます。

新規開校 早稲田アカデミー個別進学館 吉祥寺校・新百合ヶ丘校・横浜校

小・中・高 全学年対応/難関受験・個別指導・人材育成

早稲田アカデミー個別進学館

WASEDA ACADEMY KOBETSU SCHOOL

お問い合わせ・お申し込みは最寄りの個別進学館各校舎までお気軽に!

池袋西口校 03-5992-5901	池袋東口校 03-3971-1611	大森校 03-5746-3377	荻窪校 03-3220-0611	御茶ノ水校 03-3259-8411
木場校 03-6458-5153	三軒茶屋校 03-5779-8678	新宿校 03-3370-2911	立川校 042-548-0788	月島校 03-3531-3860
西日暮里校 03-3802-1101	府中校 042-314-1222	町田校 042-720-4331	たまプラーザ校 045-901-9101	武蔵小杉校 044-739-3557
大宮校 048-650-7225	川越校 049-277-5143	北浦和校 048-822-6801	志木校 048-485-6520	南浦和校 048-882-5721
蕨 校 048-444-3355	市川校 047-303-3739	千葉校 043-302-5811	船橋校 047-411-1099	つくば校 029-855-2660
新規開校		吉祥寺校 042-222-9211	新百合ヶ丘校 044-951-1550	横浜校 045-323-2511

MYSTA 早稲田アカデミー 個別指導マイスタ

お問い合わせ・お申し込みは最寄りのMYSTA各教室までお気軽に!

渋谷教室 03-3409-2311	池尻大橋教室 03-3485-8111	高輪台教室 03-3443-4781
池上教室 03-3751-2141	巣鴨教室 03-5394-2911	平和台教室 03-5399-0811
石神井公園教室 03-3997-9011	武蔵境教室 0422-33-6311	国分寺教室 042-328-6711
戸田公園教室 048-432-7651	新浦安教室 047-355-4711	津田沼教室 047-474-5021

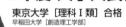

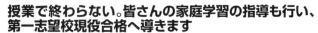

Success15 Back Number

サクセス15 バックナンバー好評発売中!

2015 9月号

どんな部があるのかな?
高校の文化部紹介
集中力が高まる8つの方法

SCHOOL EXPRESS 神奈川県立横浜翠嵐
Focus on 中央大学杉並

2015 8月号

夏休み レベルアップガイド
作ってみよう! 夏バテを防ぐ料理

SCHOOL EXPRESS 早稲田大学本庄高等学院
Focus on 法政大学第二

2015 7月号

参加しよう 学校説明会etc
中学生のための 手帳活用術

SCHOOL EXPRESS 東京都立西
Focus on 青山学院高等部

2015 6月号

キミもチャレンジしてみよう 高校入試数学問題特集
一度は行ってみたい! 世界&日本の世界遺産

SCHOOL EXPRESS 慶應義塾志木
Focus on 公立高校 東京都立富士

2014 5月号

先輩教えて! 合格をつかむための13の質問
数学っておもしろい! 数の不思議

SCHOOL EXPRESS 早稲田大学高等学院
Focus on 公立高校 神奈川県立湘南

2015 4月号

国立・公立・私立 徹底比較2015
東大生オススメ ブックレビュー

SCHOOL EXPRESS 早稲田実業学校高等部
Focus on 公立高校 神奈川県立横浜緑ケ丘

2015 3月号

もっと知りたい! 高大連携教育
宇宙について学べる施設

SCHOOL EXPRESS 国際基督教大学
Focus on 公立高校 茨城県立土浦第一

2015 2月号

受験生必見! 入試直前ガイダンス
2014年こんなことがありました

SCHOOL EXPRESS 昭和学院秀英
Focus on 公立高校 東京都立青山

2011 1月号

学年別 冬休みの過ごし方
パワースポットで合格祈願

SCHOOL EXPRESS 慶應義塾湘南藤沢
Focus on 公立高校 千葉県立千葉東

2014 12月号

いまから知ろう! 首都圏難関私立大学
スキマ時間の使い方

SCHOOL EXPRESS 明治大学付属明治
Focus on 公立高校 埼玉県立川越

2014 11月号

過去問演習5つのポイント
本気で使える文房具

SCHOOL EXPRESS 立教新座
Focus on 公立高校 神奈川県立柏陽

2014 10月号

大学生の先輩に聞く 2学期から伸びる勉強のコツ
「ディベート」の魅力とは

SCHOOL EXPRESS 筑波大学附属駒場
Focus on 公立高校 千葉県立薬園台

2014 9月号

こんなに楽しい! 高校の体育祭・文化祭
英語でことわざ

SCHOOL EXPRESS 渋谷教育学園幕張
Focus on 公立高校 東京都立国分寺

2014 8月号

2014年 夏休み徹底活用術
夏バテしない身体作り

SCHOOL EXPRESS 市川
Focus on 公立高校 埼玉県立川越女子

2014 7月号

イチから考える 志望校の選び方
日本全国なんでもベスト3

SCHOOL EXPRESS 筑波大学附属
Focus on 公立高校 東京都立三田

2014 6月号

難関国立・私立校の 入試問題分析2014
快眠のススメ

SCHOOL EXPRESS 豊島岡女子学園
Focus on 公立高校 埼玉県立春日部

これより前のバックナンバーはホームページでご覧いただけます(http://success.waseda-ac.net/)

How to order バックナンバーのお求めは

バックナンバーのご注文は電話・FAX・ホームページにてお受けしております。詳しくは116ページの「information」をご覧ください。

＜コーナー名＞

＜本文中記事＞

Success15

From Editors

2学期が始まり、秋の訪れを感じる時季となりました。今月号は、社会と理科の勉強方法と、読書の秋に向けた図書館の特集を掲載しています。図書館でふと手にした本が、自分の興味・関心を広げてくれることはよくあります。かくいう私も、図書館で出会った1冊の昆虫の本に魅了され、改めて昆虫の生態の不思議さや、姿形の美しさに感動し、自分でも昆虫の本を購入したり、標本を見に博物館へ出かけたりと、新たな趣味が増えました。みなさんもぜひ近くの図書館に足を向けて、本との出会いを楽しんでください。ちなみに私が昆虫に夢中になるきっかけとなったのは、『ツノゼミ ありえない虫』（幻冬舎）という本です。　（H）

10月号

高校受験ガイドブック2015⑩
早稲田アカデミー提携
Success15
サクセス15
苦手なキミこそ読んでほしい
社会と理科の分野別勉強法
読書の秋のお出かけガイド
図書館で、本の世界を旅しよう！
SCHOOL EXPRESS
東京都立戸山高等学校
FOCUS ON
明治大学付属中野高等学校

Information

『サクセス15』は全国の書店にてお買い求めいただけますが、万が一、書店店頭に見当たらない場合は、書店にてご注文いただくか、弊社販売部、もしくはホームページ（下記）よりご注文ください。送料弊社負担にてお送りします。定期購読をご希望いただく場合も、上記と同様の方法でご連絡ください。

Opinion, Impression & etc

本誌をお読みになられてのご感想・ご意見・ご提言などがありましたら、ぜひ当編集室までお声をお寄せください。また、「こんな記事が読みたい」というご要望や、「こういうときはどうしたらいいの」といったご質問などもお待ちしております。今後の参考にさせていただきますので、よろしくお願いいたします。

サクセス編集室お問い合わせ先

TEL 03-5939-7928
FAX 03-5939-6014

高校受験ガイドブック2015⑩サクセス15

発行　2015年9月15日　初版第一刷発行
発行所　株式会社グローバル教育出版
〒101-0047 東京都千代田区内神田2-4-2
ＴＥＬ　03-3253-5944
ＦＡＸ　03-3253-5945
http://success.waseda-ac.net
e-mail　success15@g-ap.com
郵便振替　00130-3-779535
編集　サクセス編集室
編集協力　株式会社 早稲田アカデミー

Next Issue　11月号

Special 1

受験まであと100日！ 勉強・過ごし方の秘訣

Special 2

文房具特集2015

SCHOOL EXPRESS

東京都立国立高等学校

FOCUS ON

國學院大學久我山高等学校

※特集内容および掲載校は変更されることがあります